확률 표집 위기와 비확률 표집 설계

커뮤니케이션이해총서

급변하는 커뮤니케이션 환경에서 새로운 지식에 대한 욕구가 높아지고 있습니다. 이러한 흐름에 발맞추어 하나의 커뮤니케이션 주제를 10개 항목으로 묶어서 달걀 꾸러미처럼 엮었습니다. 사회의 변화를 빠르게 알기 원하는 대중과 시대에 앞선 지식을 단시간에 알고자 하는 연구자, 실무자, 학생에게 도움이 되는 책입니다.

일러두기

- 인명, 작품명, 저서명, 개념어 등은 한글과 함께 괄호 안에 해당 국가의 원어를 병기했습니다.
- 외래어 표기는 현행 어문규정의 외래어표기법을 따랐습니다.

커뮤니케이션이해총서

확률 표집 위기와
비확률 표집 설계

오승호

대한민국, 서울, 커뮤니케이션북스, 2026

확률 표집 위기와 비확률 표집 설계

지은이 오승호
펴낸이 박영률

초판 1쇄 펴낸날 2026년 1월 22일

커뮤니케이션북스(주)
출판 등록 2007년 8월 17일 제313-2007-000166호
02880 서울시 성북구 성북로 5-11
전화(02) 7474 001, 팩스(02) 736 5047
commbooks@commbooks.com
www.commbooks.com

CommunicationBooks Inc.
5-11, Seongbuk-ro
Seongbuk-gu, Seoul, 02880, KOREA
phone 82 2 7474 001, fax 82 2 736 5047

ISBN 979-11-430-1762-8 04300

책값은 뒤표지에 표시되어 있습니다.

차례

확률 표집의 이상과 비확률 표집의 현실

조사 방법론의 교과서는 언제나 확률 표집(Probability Sampling)의 장엄한 원리에서 시작한다. 모집단을 구성하는 모든 요소가 표본으로 뽑힐 확률을 인지할 수 있고, 그 확률이 0이 아니라는 명쾌하고 강력한 원리. 이는 단순한 기술적 우월성을 넘어, 모든 목소리가 동등한 기회를 가져야 한다는 민주주의의 철학과도 맞닿아 있다. 중심극한 정리라는 통계학의 위대한 유산에 기대어, 우리는 단지 몇백, 몇천 명의 응답만으로 오차 범위와 신뢰 수준을 정밀하게 계산하며 전체 모집단의 특성을 통계적으로 추론할 수 있었다. 표본 추출 과정이 투명한 확률론에 기반하기에, 그 결과에 대한 과학적 논쟁과 검증이 가능했다. 무작위 전화 걸기(RDD)는 한때 이 위대한 원리를 구현하는 가장 강력한 도구였고, 이를 통해 우리는 민주주의 사회의 여론 지형을 그려내는 정교하고 아름다운 지도를 가질 수 있었다.

하지만 그 이상은 현실에서 소리 없이 무너져 내리고 있다. 스팸과 피싱 전화의 홍수 속에서 모르는 번호는 거절하는 것이 시민의 현명한 자기 보호가 된 시대, 연구자의 전화는 더 이상 정중한 질문이 아닌 무례한 침입으로 간주된다. 천정부지로 치솟는 조사 비용과 이제는 통계적 의미를 부여하기조차 민망할 정도로 추락한 응답률은 확률 표집의 과학적 이상을 점점 더 달성하기 어려운, 박물관 속 이론으로 만들고 있는 것이다. 특히, 공적으로 활용 가능한 고품질의 주소 기반 표집틀(ABS)이 부재하고 개인정보 보호의 장벽이 높은 한국의 현실에서, 부정확한 전화번호 목록에만 의존하는 방식은 더 이상 모집단 전체를 온전히 대표하지 못하는 '기울어진 운동장'이 되었다. 과학적 원리를 지키기 위한 비용은 감당하기 어려워졌고, 속도를 생명처럼 여기는 시장의 요구는 더 이상 교과서의 완벽함을 기다려주지 않는다.

확률 표집의 황금기는 끝났다: 무너지는 신뢰의 기둥

20세기 후반, RDD 전화 조사는 여론 조사의 황금기를 열었다. 당시에는 거의 모든 가정이 유선 전화를 보유했고, 사람들은 비교적 기꺼이 낯선 이의 질문에 답했으며, 이를 통해 우리는 민주주의 사회의 여론을 파악하는 가장 신뢰도 높은 도구를 가질 수 있었다. 하지만 21세기에 들어 이 모든 장점은 심각한 도전에 직면했다.

가장 큰 문제는 '무응답 편향(Non-response Bias)'의 심화다. 응답률의 급격한 하락은 단순히 조사의 효율성을 떨어뜨리는 것을 넘어, 응답하는 소수의 사람들이 과연 전체 모집단을 대표하는지에 대한 근본적인 의문을 제기한다. 조사에 응답하는 사람들은 비응답자들에 비해 사회적으로 더 신뢰가 높거나, 정치에 더 관심이 많거나, 혹은 시간적 여유가 더 많은 특정 집단일 가능성이 높다. 더욱 심각한 문제는 '응답 저항성의 연속성(Continuum of Resistance)' 개념으로 설명할 수 있다. 단 한 번의 전화에 흔쾌히 응답하는 사람과, 수십 번의 접촉 시도와 인센티브 제공 끝에 마지못해 응답하는 사람은 근본적으로 다른 집단이다. 이상적인 확률 표집은 바로 이 응답 저항성이 높은 집단의 목소리까지 끈질기게 담아내려는 노력이지만, 오늘날의 조사는 사실상 응답 저항성이 가장 낮은, 즉 가장 협조적인 사람들의 목소리만을 손쉽게 담아내는 방향으로 퇴화하고 있다. 2016년 미국 대선이나 브렉시트 투표에서 수많은 여론 조사가 현실을 예측하는 데 실패한 핵심 원인 중 하나로 바로 이 무응답 편향이 지목된다. 특정 성향의 유권자 집단이 체계적으로 조사 참여를 거부하면서, 표본은 현실 세계의 유권자 지형을 제대로 반영하지 못하는 '그들만의 리그'가 되어버린 것이다.

여기에 더해 표집틀이 모집단 전체를 완벽하게 포괄하지 못할 때 발생하는 '포함 오류(Coverage Error)' 문제도 심각해졌다. 휴대 전화가 유선 전화를 대체하면서 유선 전화 RDD는 더 이상 모집단을 제대로 대표하지 못하게 되었다. 특히 젊은 층과 1인 가구로 구성된 '모바일 온리(mobile-only)' 인구를 체계적으로 배제하는 결과를 낳았다. 조사 기관들은 유선 전화와 휴대 전화 표집틀을 함께 사용하는 '이중 표집틀(Dual-frame)' 방식으로 대응했지만, 이마저도 완전한 해결책이 되지 못했다. 한 사람이 여러 개의 휴대 전화 번호를 사용하거나(과대 포함), 법인 명의의 전화나 선불폰을 사용하여 표집틀에서 누락되는(과소 포함) 문제가 여전히 존재하기 때문이다. 결국 한때 가장 신뢰받던 도구는 더 이상 모든 사람에게 닿지 않는 '낡은 그물'이 되어버린 것이다. 이 모든 문제들은 조사 비용의 폭증으로 이어진다. 유효 응답 1개를 얻기 위해 수십, 수백 통의 전화를 걸어야 하는 현실은 더 이상 지속 가능한 모델이 아님을 증명하고 있다.

다른 길, 같은 고민: 할당 조사의 역사적 궤적

확률 표집의 위기 속에서 비확률 표집이 부상하는 현상은

전 세계적이지만, 그 역사적 경로는 국가별로 상이한 궤적을 그려왔다. 특히 미국과 한국의 사례는 비확률 표집을 둘러싼 고민의 결이 어떻게 다른지를 명확히 보여 준다.

미국의 경우, 여론 조사의 아버지라 불리는 조지 갤럽조차 초기에는 비용과 속도의 문제로 할당 표집을 적극적으로 사용했다. 하지만 1948년 미국 대선에서 토머스 듀이의 승리를 예측했다가 해리 트루먼에게 패배한 '듀이가 트루먼을 이기다(Dewey Defeats Truman)'라는 역사적 오판을 겪으며 할당 표집의 근본적 한계가 드러났다. 이 사건은 미국 조사학계에 깊은 성찰을 남겼고, 이후 수십 년간 확률 표집은 조사의 과학적 엄격함을 담보하는 '황금률(Gold Standard)'로 확고히 자리 잡았다. 비확률 표집은 학문적 논의의 변방으로 밀려났다. 그러나 역설적이게도, 수십 년이 흐른 지금 낮은 응답률이라는 거대한 장벽에 부딪힌 미국 조사학계는 과거에 버렸던 비확률 표집, 특히 온라인 패널을 활용한 조사 방식을 다시금 진지하게 연구하고 있다. 이는 '회귀'가 아닌, 확률 표집의 이상을 현실 속에서 어떻게든 구현하려는 처절한 고민의 산물이다.

반면, 한국의 여론 조사 역사는 출발점부터 달랐다. 1987년 민주화 이후 본격적으로 태동한 한국의 상업적 여론 조사 시장은 미국처럼 학문적 성찰의 과정을 거치며 성장하기보다 시장의 요구에 즉각적으로 반응해야 하는 현실에 직면했다. 공적으로 이용 가능한 주소 기반 표집틀이 전무한 인프라의 부재, 선거와 같이 단기간에 빠르고 저렴한 결과를 요구하는 시장의 압력 속에서, 1세대 조사 전문가들은 이론적 이상인 확률 표집 대신 현실적 대안인 할당 표집을 선택했다. 이는 과학적 신념의 부족이라기보다는 주어진 환경 속에서 최선의 결과를 도출하기 위한 실용적 선택에 가까웠다. 이러한 '경로 의존성(Path Dependency)'은 이후 한국 조사 시장의 구조를 결정했고, 조사원의 훈련 방식, 데이터 처리 소프트웨어, 그리고 결과를 소비하는 클라이언트의 기대치까지 모든 산업 생태계가 할당 조사에 최적화되는 방향으로 굳어졌다. 그 결과, 할당 표집은 비판과 논란 속에서도 단 한 번도 주류의 자리를 내주지 않은 채 오늘에 이르고 있다.

이처럼 미국이 '확률 표집의 실패' 이후 그 대안을 모색하는 과정에서 비확률 표집을 재소환했다면, 한국은 '확률 표집의 부재' 속에서 비확률 표집을 관행으로 발전시켜 온 셈이다. 서로 다른 길을 걸어왔지만, 두 국가의 조사 전문가들은 이제 '어떻게 하면 선택 편향을 통제할 것인가'라는 동일한 질문 앞에서 만나고 있다. 이 책은 바로 이러한 한국적 현실에 발을 딛고, 우리의 고민을 보다 정직하고 깊이 있게 다루려는 시도다.

불완전한 재료로 가장 튼튼한 다리를 놓는 기술: 이 책의 로드맵

이 책은 비확률 표집이라는 불완전한 재료의 특성을 정확히 이해하고, 편향이라는 거센 물살을 견뎌낼 가장 튼튼한 다리를 설계하려는 조사 엔지니어의 안내서와 같다. 이 여정은 문제의 진단에서 시작하여, 구체적인 처방과 미래의 예후를 조망하는 4단계로 구성된다.

1단계: 기초 다지기-현실의 인정과 개념의 정립(1~2장)

모든 탐구는 현실을 직시하는 것에서 시작한다. 1장에서는 왜 한국 조사 시장에서 비확률 표집이 지배적 관행이 되었는지를 구조적으로 진단하며 문제의식을 공유한다. 2장에서는 편의 표집, 판단 표집, 할당 표집 등 다양한 비확률 표집의 유형을 명확히 정의하고, '대표성'이라는 신성한 개념을 비판적으로 재구성하여 관성적 접근에서 의식적 방법론으로의 전환을 꾀한다.

2단계: 실행력 갖추기-엄격한 할당 조사의 설계와 실제(3~5장)

탄탄한 기초 위에 정교한 실무 역량을 구축한다. 3장에서는 성공적인 할당 조사의 첫 단추인 목표 모집단 정의와 핵심 할당 변수를 과학적으로 선정하는 전략을 다룬다. 4장에서는 현장 면접원과 콜센터에서 벌어지는 의식적, 무의식적 선택 편향을 통제하는 구체적인 기법을, 5장에서는 새로운 표준이 된 온라인 패널을 활용한 할당 조사의 무한한 가능성과 품질 관리에 숨겨진 함정을 심도 있게 파헤친다. 이는 막연한 감에 의존하던 실무를 체계적인 기술의 영역으로 끌어올리는 과정이다.

3단계: 완성도 높이기-편향과의 정면 승부(6~8장)

이 책의 지적 핵심으로, 비확률 표집의 가장 어렵고 본질적인 과제인 '선택 편향' 문제에 정면으로 맞선다. 이 단계는 문제 현상의 기술을 넘어, 편향에 맞서 싸울 수 있는 구체적인 무기를 제공한다. 6장에서는 선택 편향이 왜, 어떻게 발생하는지 그 근본 원리를 인지심리학적 관점에서 이해한다. 7장에서는 교육 수준, 직업 등 더 촘촘한 할당 변수를 설계하고 현장을 엄격히 관리하여 편향을 선제적으로 억제하는 실전 기법을 익힌다. 마지막으로 8장에서는 사후 층화 가중을 넘어, 확률 표본 조사 데이터를 벤치마크로 삼아 편향을 통계적으로 보정하려는 성향 점수 매칭(PSM) 등 고급 분석 기법의 원리와 명백한 한계를 탐구한다. 이 통계적 보정이 만병통치약이 아니라, 신중하게 사용해야 할 강력하지만 위험한 약임을 경고한다.

4단계: 전문가로 거듭나기-평가와 미래 조망 (9~10장)

마지막으로, 기술적 숙련가를 넘어 비판적 전문가로서의 통찰력을 기른다. 이 단계는 단순히 기술을 적용하는 것을 넘어, 연구 결과의 사회적 의미와 책임을 성찰하는 것을 목표로 한다. 9장에서는 우리가 수행한 비확률 표본 조사의 품질을 어떻게 객관적으로 평가하고, 그 한계를 어떻게 투명하게 보고해야 하는지에 대한 '연구 윤리'와 '지적 정직성'을 논한다. 10장에서는 인공지능과 빅데이터가 표본 설계에 미칠 혁명적 영향을 조망하며, 확률 표집과 비확률 표집의 끝나지 않는 논쟁 속에서 우리가 나아가야 할 책임 있는 방향을 제시한다.

더 나은 타협을 향한 제언

이 책의 모든 논의는 궁극적으로 하나의 목표로 수렴한다. '어떻게 하면 주어진 제약 속에서 진실에 가장 가까운 데이터를 얻을 수 있는가?' 비확률 표집은 이 질문에 대한 완벽한 정답이 아니라, 현실과의 끊임없는 타협 속에서 최선을 찾아가는 처절한 과정이다. 이 책이 단순히 기술적인 방법론을 소개하는 안내서를 넘어, 연구자들이 더 엄격하고, 더 정직하며, 더 책임감 있는 자세로 우리 사회의 목소리를 듣는 노력에 동참하도록 이끄는 작은 초대장이 되기를 희망한다.

이는 단지 조사 연구자만을 위한 책이 아니다. 더 나은 품질의 데이터를 요구하는 현명한 클라이언트, '오차 범위'라는 익숙한 지표가 더 이상 유효하지 않은 데이터의 한계를 이해하고 그 결과를 비판적으로 소비하는 언론인과 정책 결정자, 그리고 우리 사회의 목소리가 어떻게 구성되고 재현되는지에 관심 있는 모든 시민을 위한 것이다. 이 책은 비확률 표집 시대의 혼란 속에서 품질을 논의하기 위한 '공통의 언어'를 제안하려는 시도다. '최선이 아닌 차선'을 선택해야만 하는 우리 모두를 위한, 더 나은 타협과 지적 정직성을 향한 지혜로운 여정을 이 책과 함께 시작하기를 바란다.

01

왜 비확률 표집인가?

확률 표집이라는 과학적 이상은 높은 비용과 낮은 응답률의 벽 앞에서 좌초하고 있다. 그 빈자리를 압도적인 속도와 효율성으로 무장한 비확률 표집이 빠르게 차지했다. 하지만 이 편리함의 이면에는 '선택 편향' 이라는 통제 불가능한 위험이 존재한다. 이상을 추구할 수 없다면, 우리는 주어진 현실을 어떻게 과학적으로 관리해야 하는가?

확률 표집 황금기는 끝났다: 무응답과 포함 오류

20세기 후반, 무작위 전화 걸기(RDD)에 기반한 확률 표집은 여론 조사의 황금기를 이끌었다. 당시에는 거의 모든 가정이 유선 전화를 보유하고 있었고, 사람들은 비교적 기꺼이 낯선 사람의 전화에 응답했다. 이는 단순히 기술적 환경의 문제가 아니었다. 당시 사회는 지금보다 공동체에 대한 신뢰와 참여 의식이 높았고, 공적인 사안에 자신의 의견을 내는 것을 시민의 역할 중 하나로 여기는 분위기가 존재했다. 이러한 환경 속에서 연구자들은 모집단의 대표성을 과학적으로 확보할 수 있었으며, 대면 조사에 비해 훨씬 저렴하고 신속하게 사회의 목소리를 들을 수 있었다. 이 시기 전화 조사는 민주주의 사회의 여론을 파악하는 가장 신뢰도 높은 도구로 여겨졌다.

하지만 21세기에 들어 이 모든 장점은 심각한 도전에 직면했다. 가장 큰 문제는 응답률의 급격한 하락이다. 스팸 전화와 보이스피싱의 범람으로 인해 사람들은 모르는 번호로부터 걸려온 전화는 아예 받지 않는 것이 일상이 되었다. 발신자 정보 표시 기능은 이러한 경향을 더욱 가속화했다. 이는 목표 응답률을 채우기 위해 훨씬 더 많은 접촉을 시도해야 하므로 조사 비용을 폭증시켰다. 동시에, 이는 조사에 응답해 주는 소수의 사람들이 과연 전체 모집단을 대표하는지에 대한 근본적인 의문을 낳는 '무응답 편향(Non-response Bias)' 문제를 심화시켰다. 조사에 응답하는 사람들은 비응답자들에 비해 사회적으로 더 신뢰가 높거나, 정치에 더 관심이 많거나, 혹은 시간적 여유가 더 많은 특정 집단일 수 있다. 가중치를 통해 인구통계학적 불균형을 일부 보정할 수는 있지만, 관찰되지 않는 태도나 성향의 차이까지 완벽하게 교정하는 것은 불가능에 가깝다.

여기에 더해, '포함 오류(Coverage Error)' 문제도 심각해졌다. 이는 표본을 추출하는 표집틀이 모집단 전체를 완벽하게 포괄하지 못할 때 발생한다. 휴대 전화가 유선 전화를 완전히 대체하면서, 유선 전화 RDD는 더 이상 모집단을 제대로 대표하지 못하게 되었다. 특히 젊은 층과 1인 가구는 유선 전화 없이 휴대 전화만 사용하는 '모바일 온리(mobile-only)' 인구가 대부분이다. 이들을 표본에서 체계적으로 배제하는 것은, 사회 변화에 더 민감하고 진보적인 성향을 보이는 젊은 세대의 목소리를 원천적으로 과소 대표하는 결과를 낳는다. 이는 선거 예측의 정확성을 떨어뜨리는 주된 요인으로 작용하기도 한다. 휴대 전화 RDD가 대안으로 떠올랐지만, 이 역시 청소년이나 특정 집단이 사용하는 선불폰이나 개인이 아닌 법인 명의의 전화 등 완전한 표집틀을 제공하지 못한다. 또한 전화번호라는 하나의 접촉 경로에만 의존하는 것은, 전화 통화 자체를 기피하는 특정 라이프스타일을 가진 사람들을 체계적으로 배제하는 결과를 낳는다. 이처럼 과거의 영광을 뒤로 한 채, 확률 표집은 더 이상 단독으로 우리 사회 전체의 목소리를 담아낼 수 없는 '낡은 그물'이 되어가고 있다.

속도와 비용의 유혹: 할당 표집의 압도적 현실

확률 표집의 위기에 대한 한국 시장의 대답은 명확했다. 바로 '할당 표집(Quota Survey)'이다. 성별, 연령, 지역 등 몇 가지 인구통계학적 특성의 비율을 모집단과 일치하도록 미리 정해 놓고, 조사원이 그 할당량을 채울 때까지 자유롭게 응답자를 찾는 방식이다. 이 방식의 장점은 압도적이다. 확률 표집처럼 복잡한 표본 추출 과정이 필요 없어 믿을 수 없을 정도로 빠르고 저렴하다. 당장 내일 아침까지 전국 성인 1000명의 의견이 필요한 언론사와 기업의 요구에 부응할 수 있는 거의 유일한 방법이다.

이러한 속도와 비용의 효율성은 한국 여론 조사 시장의 구조와 맞물려 할당 표집을 절대적인 주류로 만들었다. 공공기관의 공식 통계가 아닌 이상, 대부분의 상업적 조사와 언론 보도의 기반이 되는 데이터는 사실상 할당 표집을 통해 생산된다고 해도 과언이 아니다. 이는 미국이 1948

년 대선 예측 실패를 계기로 할당 표집의 한계를 절감하고 확률 표집으로 선회했던 역사적 경로와는 정반대의 길이다. 한국은 확률 표집을 구현할 인프라와 사회적 여건이 부족한 상황에서, 시장의 요구에 맞춰 할당 표집이라는 실용적 대안을 선택하고 발전시켜 온 것이다.

하지만 이 눈부신 효율성의 이면에는 확률 표집의 어떤 오류보다 더 근본적이고 위험한 함정이 존재한다. 바로 '선택 편향(Selection Bias)'이다. 할당 표집에서 최종적으로 누가 표본에 포함될지를 결정하는 것은 무작위적 과정이 아니라, 조사원의 편의나 응답자의 자발성에 달려있다. 예를 들어, 전화 할당 조사에서 면접원은 통화 연결이 잘 되고 응답에 협조적인 사람을 선호하게 되며, 대면 할당 조사에서는 접근하기 쉬운 장소에서 만난 사람들을 중심으로 할당을 채우려 할 것이다. 이러한 '면접원 효과'는 표본이 특정 유형의 사람들로 채워지게 만든다. 온라인 패널을 이용한 할당 조사 역시 마찬가지다. 패널 자체가 특정 인터넷 사이트 방문자나 이벤트 참여자 등 '자발적으로' 등록한 사람들로 구성되어 있어 이미 모집단을 대표하지 않으며, 이들 중에서도 설문 참여에 더욱 적극적인 사람들이 표본으로 추출될 가능성이 높다.

결론적으로, 성 · 연령 · 지역 할당을 아무리 정교하게 채운다 하더라도, 그 표본은 '대한민국 국민의 축소판'이 아니라 '조사에 쉽게, 그리고 자발적으로 참여하는 사람들의 축소판'에 가까워지게 된다. 이는 확률 표집의 기본 원리를 근본적으로 위배하며, 표본의 결과를 모집단 전체로 일반화할 수 있는 통계적 기반이 없음을 의미한다.

불편한 진실과의 마주함: 엄격함의 필요성

확률 표집은 더 이상 완벽한 해답이 아니며, 할당 표집은 편리하지만 위험한 대안이다. 이것이 오늘날 우리가 마주한 냉정한 현실이다. 그렇다면 우리는 대표성 있는 여론을 듣는 것을 포기해야 하는가?

이 책은 바로 이 질문에 대한 대답으로, '외면'이나 '체념'이 아닌 '엄격한 관리'를 제안한다. 비확률 표집이 현실적으로 피할 수 없는 대안이라면, 우리는 더 이상 그 과학적 한계를 모른 척하거나 편리함 뒤에 숨어서는 안 된다. 오히려 그 한계를 명확히 인정하고, 발생 가능한 편향을 최소화하며, 결과의 불확실성을 정직하게 보고하려는 체계적인 노력이 필요하다. 여기서 '엄격함'이란, 단순히 인구통계학적 할당을 맞추는 수준을 넘어, 편향의 발생 원인을 이해하고 이를 제어하려는 총체적인 '편향 최소화' 접근법을 의미한다. 여기에는 더 정교한 할당 변수의 설계, 조사 과정의 투명한 기록, 그리고 통계적 보정 기법의 신중한 적용과 그 한계에 대한 명확한 인식이 모두 포함된다.

이는 비확률 표집에 과학적 정당성을 부여하려는 시도가 아니다. 오히려 과학의 이름으로 정당화될 수 없는 방법이 현실에서 압도적으로 사용되는 '불편한 진실'을 직시하고, 그로 인한 오류를 줄이기 위한 실용적인 문제 해결 방식을 탐구하려는 것이다. 이 책은 단순히 여러 기법을 나열하는 것을 넘어, 비확률 표집이라는 불완전한 도구를 다루는 연구자가 가져야 할 비판적 시각과 윤리적 책임을 함께 논하고자 한다. 편리함의 유혹에 빠져 과학적 엄격함을 포기하는 것이 아니라, 주어진 제약 속에서 최선의 과학적 근사치를 찾아내려는 노력, 그것이 이 책이 나아가려는 방향이다.

참고문헌

Baker, R., et al.(2013). Report of the aapor task force on non-probability sampling. Journal of Survey Statistics and Methodology, 1(2), 90~143.

Groves, R. M.(2006). Nonresponse rates and nonresponse bias in household surveys. Public opinion quarterly, 70(5), 646~675.

Yeager, D. S., et al.(2011). Comparing the accuracy of RDD telephone surveys and internet surveys conducted with probability and non-probability samples. Public opinion quarterly, 75(4), 709~747.

02

비확률 표집이란 무엇인가

확률 표집에서 '대표성' 은 통계 이론이 보증하는 명쾌한 개념이다. 하지만 비확률 표집의 세계에서 대표성은 보장되는 것이 아니라, 연구자의 설계와 통제를 통해 위태롭게 '구성' 되어야 하는 목표에 가깝다. 이 불확실한 개념을 재구성하고, 다양한 비확률 표집 유형의 지도들 속에서 우리의 위치를 파악하는 것은 모든 논의의 출발점이다.

확률 표집과 근본적 단절: 선택 메커니즘 부재

비확률 표집을 이해하기 위해서는 먼저 그것이 무엇이 아닌지, 즉 확률 표집과 무엇이 근본적으로 다른지를 명확히 해야 한다. 확률 표집의 핵심 철학은 모집단을 구성하는 모든 단위가 표본으로 선택될 확률을 사전에 알 수 있으며, 이 확률이 0이 아니라는 데 있다. 이 '알려진, 0이 아닌 선택 확률'이야말로 우리가 표본의 통계량(예: 평균, 비율)을 통해 모집단의 모수(母數)를 추론하고, 그 추정치가 얼마나 정확한지를 '오차 범위'와 '신뢰 수준'이라는 객관적인 지표로 제시할 수 있게 하는 마법의 열쇠다. 선택 과정이 투명한 확률 규칙에 따라 통제되기 때문에, 우리는 수학의 힘을 빌려 표본이 모집단을 얼마나 잘 대표하는지를 과학적으로 주장할 수 있다.

반면, 비확률 표집은 이러한 근본적인 연결고리가 끊어진 상태를 의미한다. 비확률 표집의 가장 핵심적인 특징은 특정 단위가 표본으로 선택될 확률을 알 수 없다는, 혹은 일부 단위의 선택 확률이 원천적으로 0이라는 데 있다. 선택 과정이 연구자의 통제된 확률 규칙을 따르는 것이 아니라 현장 조사원의 편의, 연구자의 주관적 판단, 혹은 응답자의 자발적 참여와 같은 임의적이고 불투명한 '선택 메커니즘'에 의해 결정되기 때문이다.

이 근본적인 차이는 비확률 표집의 결과를 해석하는 데 결정적인 제약을 가한다. 선택 확률을 알 수 없으므로, 우리는 표본 오차에 기반한 오차 범위나 신뢰 수준을 통계적으로 계산할 수 없다. 일부 비확률 표집 조사에서 제시하는 '신뢰 수준 95%에 오차 범위 ±3.1%p'와 같은 표현은, 확률 표집의 권위를 흉내 낸 것에 불과하며 과학적으로는 아무런 의미가 없는 수사(修辭)에 가깝다. 이는 마치 설계도 없이 지은 건물의 안전도를 설계도가 있는 건물과 동일한 기준으로 평가하려는 것과 같다. 확률 표집과의 이러한 근본적 단절을 인정하는 것이 비확률 표집을 올바르게 이해하고 사용하기 위한 첫걸음이다.

대표성의 재구성: 무엇을, 누구를 대표하는가?

확률 표집이 제공하는 통계적 대표성의 보증을 잃어버렸다면, 비확률 표집에서 우리가 추구하는 '대표성'이란 과연 무엇인가? 이 질문에 답하기 위해 우리는 대표성의 개념을 보다 신중하게 재구성할 필요가 있다. 비확률 표집에서 대표성은 단일한 개념이 아니라, 조사의 목적에 따라 달리 추구되는 다층적인 목표로 이해해야 한다.

첫째는 '외형적 대표성(Demographic Representativeness)'이다. 이는 할당 표집이 주로 목표하는 바로서, 표본의 인구통계학적 구성비(성별, 연령, 지역 등)를 실제 모집단의 구성비와 일치시키는 것을 의미한다. 이는 표본이 최소한의 외형적 균형을 갖추기 위한 필요조건이지만, 이것만으로 표본이 모집단을 대표한다고 말하기는 어렵다. 앞서 지적했듯, 동일한 '20대 남성'이라도 조사에 쉽게 응하는 사람과 그렇지 않은 사람은 정치 성향이나 소비 습관에서 체계적으로 다를 수 있기 때문이다.

둘째는 '실질적 대표성(Substantive Representativeness)'이다. 이는 단순히 인구통계학적 구성을 넘어, 조사 주제와 관련된 핵심적인 태도, 의견, 행동의 분포가 모집단과 유사하도록 만드는 더 높은 수준의 목표다. 예를 들어, 특정 정책에 대한 찬반 여론 조사라면, 정책의 핵심 쟁점에 대한 다양한 시각들이 모집단의 비율과 유사하게 표본 내에 포함되어야 한다. 하지만 이는 사전에 통제하기가 매우 어렵고, 사후적으로 검증하기도 쉽지 않다는 점에서 비확률 표집의 가장 큰 난제로 남는다.

결국 비확률 표집에서 '대표성 확보'란, 통계 이론에 의해 보장되는 결과가 아니라, 연구자가 외형적 대표성을 충실히 확보하고 실질적 대표성을 높이기 위해 편향을 최소화하려는 끊임없는 설계와 통제의 과정 그 자체를 의미한다.

비확률 표집의 주요 유형과 활용

비확률 표집은 하나의 방법이 아니라, 다양한 목적과 상황에 따라 사용되는 여러 방법들의 집합이다. 주요 유형은 다음과 같다.

편의 표집(Convenience Sampling)

연구자가 가장 접근하기 쉬운 대상을 표본으로 삼는 방법이다. 길거리에서 만난 행인, 특정 강의의 수강생, 인터넷 커뮤니티 게시판의 자발적 참여자 등이 그 예다. 조사가 매우 쉽고 저렴하지만, 표본이 특정 집단에 편중될 위험이 극도로 커서 결과를 일반화하려는 목적으로는 거의 사용되지 않는다. 주로 설문지를 사전 테스트하거나, 탐색적인 연구 아이디어를 얻기 위한 목적으로 제한적으로 활용된다.

판단 표집(Purposive Sampling) 또는 유의 표집

연구자가 자신의 전문적 지식과 판단에 근거하여, 조사 목적에 가장 부합한다고 생각되는 대상을 의도적으로 선택하는 방법이다. 특정 산업의 전문가 집단, 특정 질환을 앓고 있는 환자들, 혹은 특정 정책의 핵심 이해관계자들을 표본으로 삼는 경우가 이에 해당한다. 이는 통계적 일반화가 아니라, 특정 사례에 대한 깊이 있는 이해나 전형적인 특성을 파악하려는 질적 연구나 사례 연구에서 주로 사용된다.

눈덩이 표집(Snowball Sampling)

연구자가 찾기 어려운 모집단(예: 특정 소수 집단, 불법 이민자 등)에 접근하기 위해 사용하는 기법이다. 처음 몇 명의 응답자를 찾아 조사한 뒤, 그들에게 주변의 다른 잠재적 응답자를 추천받아 표본의 크기를 눈덩이처럼 키워나가는 방식이다. 희귀 집단에 대한 네트워크를 구축하는 데 유용하지만, 표본이 서로 유사한 사람들로만 구성될 가능성이 매우 높다는 한계를 가진다.

할당 표집(Quota Sampling)

앞서 논의한 바와 같이, 모집단의 특정 특성(주로 인구통계) 비율에 맞춰 표본 수를 할당하고, 그 할당량이 채워질 때까지 비확률적인 방식으로 응답자를 찾는 방법이다. 빠른 속도와 저렴한 비용 덕분에 시장 조사와 언론 여론 조사에서 가장 널리 사용된다.

유사 개념과의 구분: 할당 표집 vs 층화 표집

비확률 표집의 개념을 명확히 하기 위해, 특히 할당 표집과 확률 표집의 일종인 층화 표집(Stratified Sampling)을 구분하는 것은 매우 중요하다. 두 방법은 표면적으로 매우 유사해 보이지만, 대표성을 보증하는 핵심 메커니즘에서 결정적인 차이를 보인다.

두 방법 모두, 모집단을 어떤 기준(예: 연령대, 지역)에 따라 서로 겹치지 않는 여러 개의 하위 집단(층, Stratum)으로 나눈다는 점에서 출발점은 동일하다. 예를 들어, 모집단을 '20대', '30대', '40대', '50대 이상'이라는 4개의 연령층으로 나눌 수 있다.

결정적인 차이는 각 층 안에서 표본을 추출하는 마지막 단계에서 발생한다. 층화 표집은 각 연령층에 속한 사람들의 전체 명단(표집틀)에서 무작위 추출(Random Sampling)을 통해 최종 표본을 선정한다. 반면, 할당 표집은 '20대 00명'이라는 할당량만 주어진 채, 그 안에서 누구를 조사할지는 전적으로 조사원의 편의나 응답자의 자발성에 맡긴다. 이 작은 차이가 표본 오차를 계산하고 결과를 일반화할 수 있는지 여부를 결정하는 거대한 간극을 만들어 낸다. 층화 표집이 과학적 추론의 기반을 유지하는 반면, 할당 표집은 그 기반을 포기하고 외형적 유사성을 택한 것이다.

참고문헌

Baker, R., et al.(2013). Report of the aapor task force on non-probability sampling. Journal of Survey Statistics and Methodology, 1(2), 90∼143.

Babbie, E. R.(2020). The practice of social research (15th ed.). Cengage learning.

Groves, R. M., et al.(2009). Survey methodology. John Wiley & Sons.

03

할당 표집 설계의 첫걸음

좋은 할당 조사는 현장에서의 순발력이 아니라, 책상 앞에서 이루어지는 치밀한 설계에서 시작된다. 목표 모집단을 얼마나 명확히 정의하는가, 모집단의 특성을 얼마나 정확히 파악하는가, 그리고 조사 목적에 맞는 할당 변수를 얼마나 적절하게 선정하는가에 따라 조사의 성패는 이미 결정된다. 이 장은 엄격한 할당 표집을 위한 가장 중요하고 기본적인 청사진을 그리는 과정이다.

1단계: 목표 모집단의 명확한 정의

모든 표본 설계의 여정은 "우리는 누구의 이야기를 듣고 싶은가?"라는 질문에서 시작한다. 이 질문에 대한 대답, 즉 목표 모집단을 명확하게 정의하는 것은 모든 후속 단계의 방향을 결정하는 나침반과 같다. '우리나라 국민'과 같은 모호한 정의는 조사의 엄격성을 해치는 첫걸음이다. 연구자는 조사의 목적에 맞춰 모집단의 포함 기준과 제외 기준을 최대한 구체적으로 설정해야 한다.

가장 기본적인 정의 요소는 인구학적 기준과 지리적 기준이다. 예를 들어 "대한민국에 거주하는 만 18세 이상 성인 남녀"와 같이 연령과 국적, 거주지 기준을 명시하는 것이다. 여기서 더 나아가야 한다. 선거 여론 조사라면 '선거권이 없는 재외국민이나 외국인은 제외'와 같은 기준이 추가될 수 있다. 특정 제품에 대한 시장 조사라면 '최근 1년 내 해당 제품군 구매 경험이 있는 20~40대'와 같이 경험과 연령을 결합한 더 좁은 모집단을 설정할 수도 있다.

지리적 기준 역시 중요하다. '전국'을 대상으로 할 것인지, '수도권'이나 '서울'과 같이 특정 지역으로 한정할 것인지를 명확히 해야 한다. 전국 조사라 하더라도, 시간과 비용의 제약으로 인해 "제주도 및 기타 도서산간 지역은 제외"와 같은 현실적인 제외 기준을 명시하는 것이 일반적이다. 이처럼 목표 모집단을 구체적으로 정의하는 작업은 우리가 완성할 지도가 어떤 지역의 어떤 사람들을 보여 주는 것인지를 명확히 선언하는 과정이다. 이 선언이 명확하지 않다면, 우리는 우리가 무엇을 측정했는지조차 알 수 없는 상태에 빠지게 된다.

2단계: 모집단 특성 파악을 위한 기초 자료 확보

목표 모집단이 명확하게 정의되었다면, 다음 단계는 그 모집단이 실제로 어떻게 구성되어 있는지를 보여 주는 객관적이고 신뢰할 수 있는 데이터를 확보하는 것이다. 이 기초 자료는 향후 할당표를 작성하는 기준이 되기 때문에, 그 정확성과 최신성이 조사의 품질을 좌우한다.

한국에서 가장 보편적으로 사용되는 기초 자료는 통계청이 제공하는 인구총조사 자료와 행정안전부가 매월 발표하는 주민등록인구 통계다. 인구총조사는 5년 주기로 시행되며, 성별, 연령, 지역뿐만 아니라 교육 수준, 직업, 가구 형태 등 매우 상세한 인구 구조 정보를 제공한다는 장점이 있다. 반면, 주민등록인구 통계는 조사 가능한 변수가 제한적이지만 매월 최신 데이터가 공표되므로 시점의 정확성을 확보하는 데 매우 유용하다.

따라서 가장 이상적인 접근법은 조사를 수행하는 시점

에서 가장 가까운 행정안전부의 주민등록인구 통계를 기준으로 성별, 연령, 지역의 기본 구조를 잡고, 가장 최근에 실시된 인구총조사 자료를 참고하여 교육 수준이나 직업과 같은 추가적인 할당 변수의 비율을 설정하는 것이다. 예를 들어 2026년 1월에 조사를 실시한다면, 2025년 12월 말 기준 주민등록인구 현황을 통해 기본 할당을 설계하고, 2020년(가능하다면 2025년) 인구총조사 결과를 바탕으로 '20대 대졸자'의 비율을 추정하여 할당에 반영할 수 있다. 이 과정에서 어떤 시점의 어떤 데이터를 기준으로 할당표를 작성했는지 명확하게 기록하고 밝히는 것은 조사의 투명성을 확보하기 위한 필수적인 절차다.

3단계: 핵심 할당 변수의 선정

기초 자료가 준비되었다면, 이제 할당 표집 설계의 핵심이라 할 수 있는 할당 변수를 선정해야 한다. 어떤 변수를 기준으로 표본의 구조를 통제할 것인가? 이 선택에 따라 표본의 대표성 수준이 결정된다.

한국의 거의 모든 전국 단위 조사에서 최소한으로 요구되는 할당 변수는 성별, 연령, 지역이라는 '삼위일체'다. 이 세 가지 변수는 정치적 태도, 사회적 인식, 소비 행태 등 거의 모든 사회 현상과 깊은 관련이 있으며, 모집단 내에서 가장 뚜렷한 차이를 보이는 핵심적인 구분 기준이기 때문이다. 따라서 어떤 주제의 조사이든 이 세 가지 변수에 대한 할당을 적용하는 것은 조사의 신뢰성을 확보하기 위한 최소한의 안전장치로 여겨진다.

하지만 엄격한 할당 표집은 바로 이 지점에서 한 걸음 더 나아갈 것을 요구한다. '성 · 연령 · 지역'만 맞추는 것은 필요조건일 뿐, 충분조건이 될 수 없다. 조사의 품질을 한 단계 끌어올리기 위해서는, 조사의 핵심 주제와 밀접하게 관련된 변수를 추가적으로 할당하는 노력이 반드시 필요하다. 예를 들어, 대통령 선거 예측 조사에서 교육 수준은 투표 행태에 지대한 영향을 미치는 변수임이 수많은 연구를 통해 증명되었다. 따라서 '20대 대졸 남성'과 '20대 고졸 남성'의 정치적 성향이 다르다는 사실을 안다면, 연령뿐만 아니라 교육 수준까지 결합하여 할당을 설계해야만 표본의 정치적 균형을 더 정교하게 맞출 수 있다. 마찬가지로 새로운 스마트폰에 대한 시장조사를 한다면, 기존에 사용하는 스마트폰 운영 체제(iOS vs. 안드로이드)나 가구 소득 수준을 추가 할당 변수로 고려해야 유의미한 분석이 가능할 것이다.

결론적으로 좋은 할당 변수는 두 가지 핵심 원칙을 따라야 한다. 첫째, 조사의 주요 결과 변수와 높은 상관관계가 있을 것. 둘째, 해당 변수의 정확한 모집단 분포 데이터를 확보할 수 있을 것. 이 두 가지 원칙을 충실히 따를 때, 우리는 비로소 외형적 대표성을 넘어 실질적 대표성에 한 걸음 더 다가갈 수 있다.

4단계: 할당 방식 결정-독립 할당과 결합 할당

핵심 할당 변수들이 선정되었다면, 마지막으로 이 변수들을 어떻게 조합하여 최종 할당표를 만들 것인지를 결정해야 한다. 여기에는 크게 두 가지 방식, 독립 할당과 결합 할당이 있다.

독립 할당(Independent Quotas)은 각각의 할당 변수를 서로 독립적으로 통제하는 방식이다. 예를 들어, 표본 크기 1000명 조사에서 성별(남성 500명, 여성 500명)과 연령(20대 200명, 30대 200명…) 할당을 각각 따로 설정하는 것이다. 이 방식은 조사원이 현장에서 목표치를 관리하기 쉽다는 장점이 있다. 하지만 각 변수가 독립적으로 통제되기 때문에, 변수들이 조합되는 방식에서 심각한 왜곡이 발생할 수 있다. 예를 들어, 조사원이 채우기 쉬운 '20대 여성'과 '50대 남성'을 집중적으로 조사하여, 결과적으로 20대 표본은 대부분 여성으로, 50대 표본은 대부분 남성으로 채워지는 기형적인 표본이 구성될 수 있다.

이러한 문제점을 해결하기 위한 훨씬 더 정교하고 엄격한 방식이 바로 결합 할당(Interlocking Quotas)이다. 이는 두 개 이상의 할당 변수를 교차시킨 행렬(Matrix)을 만들어, 각 셀(cell)에 해당하는 표본 수를 구체적으로 할당하는 방식이다. 예를 들어, 성별, 연령, 지역을 결합하여 "서울 거주 20대 남성 OO명", "부산 거주 40대 여성 OO명"과 같이 매우 구체적인 목표치를 설정하는 것이다. 이 방식은 조사원이 현장에서 임의로 응답자를 선택할 수 있는 재량의 폭을 극적으로 줄여 준다. 조사원은 더 이상 채우기 쉬운 대상만을 찾을 수 없으며, 복잡하게 교차된 할당표의 빈칸을 채우기 위해 더 다양한 특성의 응답자를 찾아 노력해야만 한다.

물론 결합 할당은 설계와 현장 관리가 훨씬 복잡하고, 일부 셀의 경우 목표 응답자를 찾기가 매우 어려워 비용과 시간이 더 소요될 수 있다. 그럼에도 불구하고, 선택 편향을 최소화하고 표본의 대표성을 높이려는 진정한 노력이 있다면 결합 할당은 선택이 아닌 필수다. 얼마나 많은 변수를, 얼마나 정교하게 결합하여 할당을 설계하는가가 바로 할당 조사의 품질을 가늠하는 핵심적인 척도라 할 수 있다.

참고문헌

Dillman, D. A. et al.(2014). Internet, phone, mail, and mixed-mode surveys: The tailored design method(4th ed.). Wiley.

Kalton, G.(1983). Introduction to survey sampling. Sage publications.

04

할당 표집의 실행과 통제

아무리 정교하게 설계된 할당표라 할지라도, 현장에서 제대로 실행되지 못한다면 한낱 숫자에 불과하다. 진정한 편향과의 싸움은 이론이 아닌 현실, 즉 조사가 이루어지는 바로 그 현장에서 시작된다. 면접원의 작은 습관 하나, 온라인 패널의 보이지 않는 특성 하나가 조사의 품질을 좌우한다. 이 장은 설계도를 현실로 구현하는 과정에서 마주하는 수많은 편향의 위협을 어떻게 통제하고 관리할 것인지에 대한 실천적 지침이다.

설계에서 실행으로: 현장의 중요성과 통제의 원칙

3장에서 우리는 목표 모집단을 정의하고, 신뢰할 수 있는 데이터를 기반으로 핵심 변수를 선정하여 정교한 결합 할당표를 만드는 과정을 살펴보았다. 그러나 이 할당표는 완벽한 표본을 보장하는 자동판매기가 아니라, 단지 엄격한 조사를 위한 청사진일 뿐이다. 이 청사진을 현실 세계에 건축하는 주체는 바로 현장의 면접원, 혹은 온라인 패널 관리 시스템이다. 그리고 이 실행 단계에서 수많은 잠재적 편향이 개입할 여지가 생긴다.

할당 표집의 현장 관리에서 가장 핵심적인 원칙은 한 문장으로 요약될 수 있다. 바로 "최종 선택자(면접원 또는 응답자)의 재량을 최소화하는 것"이다. 할당 표집의 근본적 약점은 각 할당 셀 내에서 누구를 조사할지에 대한 선택이 무작위가 아니라는 점에 있다. 따라서 현장 통제의 모든 절차는 이 비무작위적 선택 과정에 개입하여 가능한 한 편향이 발생할 여지를 줄이는 방향으로 설계되어야 한다. 이는 단순히 할당량을 채웠는지 여부를 확인하는 소극적 관리를 넘어, 할당량이 '어떻게' 채워지는가의 과정을 적극적으로 통제하는 것을 의미한다. 좋은 현장 통제는 면접원의 편의나 응답자의 자발성에 의해 표본이 왜곡되는 것을 방지하는 가장 강력한 방화벽이다.

전통적 조사의 현장 통제: 전화 및 대면 조사

전화 조사나 대면 조사와 같이 면접원이 직접 개입하는 전통적 방식에서, 현장 통제는 곧 '면접원 관리'와 동의어다. 면접원의 작은 행동 하나하나가 표본의 구성에 직접적인 영향을 미치기 때문이다.

면접원 선발과 교육

엄격한 할당 조사는 엄격하게 훈련된 면접원을 필요로 한다. 면접원 교육은 단순히 설문지를 읽는 법을 가르치는 것을 넘어서야 한다. 왜 할당 표집을 하는지, 할당의 각 셀이 무엇을 의미하는지, 그리고 왜 조사원의 임의적 선택이 편향을 낳는지를 명확히 이해시켜야 한다. 예를 들어 "20대 남성 10명" 할당을 채우기 위해 대학가에서만 조사를 진행하는 것이 왜 문제인지를 구체적인 사례를 통해 교육해야 한다. 또한 접촉이 어렵거나 응답을 꺼리는 사람들을 설득하는 기술과, 그럼에도 불구하고 정중하게 거절에 대응하는 방법을 훈련시켜 조사 과정에서 발생할 수 있는 잠재적 갈등을 최소화해야 한다.

조사 지점 및 시간 통제(대면 조사)

대면 조사에서 면접원에게 완전한 자유를 주는 것은 편향을 방치하는 것과 같다. 엄격한 조사는 사전에 조사 지점(Sampling Points)을 구체적으로 설계하여 면접원에게 할당해야 한다. 예를 들어 서울시 조사를 할 때 유동 인구가 많은 강남역과 같은 단일 지점이 아니라 강북의 주택가, 강남의 오피스가, 특정 연령대가 많이 모이는 쇼핑몰 등 다양한 특성의 지점 수십 개를 미리 선정하는 것이다. 또한 '주중 낮 시간', '주중 저녁 시간', '주말' 등 시간대까지 구체적으로 지정하여 특정 시간대에만 활동하는 사람들(예: 직장인, 학생)이 표본에서 배제되지 않도록 강제해야 한다.

접촉 및 재시도 규칙(전화 조사)

전화 조사 역시 마찬가지다. 면접원이 편한 시간에만 전화를 걸도록 방치하면, 낮 시간에는 주부나 은퇴 인구의 응답률만 높아지는 심각한 편향이 발생한다. 따라서 연구자는 요일별, 시간대별 접촉 시도 횟수를 구체적으로 할당하는 '접촉 관리 계획'을 수립해야 한다. 또한 부재중이거나 통화 중인 번호에 대해서는 최소 몇 회 이상, 서로 다른 시간대에 다시 접촉을 시도해야 한다는 '재시도 규칙(Retry Rule)'을 명확히 하여, 처음 접촉이 어려운 응답자에게도 표본에 포함될 기회를 제공해야 한다.

온라인 패널 조사의 실행과 품질 관리

온라인 패널 조사는 면접원이 배제되어 언뜻 객관적으로 보이지만, 실제로는 보이지 않는 곳에서 더 복잡한 편향이 작동할 수 있다. 따라서 더 정교한 기술적 통제가 요구된다.

패널 모집과 관리

온라인 조사의 품질은 전적으로 패널의 품질에 달려있다. 좋은 패널은 단일한 경로가 아닌 이메일, 소셜 미디어, 제휴사 포인트 전환 등 매우 다양한 출처(Source)를 통해 모집되어야 한다. 이는 특정 성향의 사람들만 패널에 집중되는 것을 방지한다. 또한 정기적인 프로필 업데이트를 통해 패널의 최신 정보를 유지하고, 비활동적이거나 불성실한 패널을 주기적으로 정리(cleansing)하는 등 엄격한 패널 관리가 수반되어야 한다.

응답자 선정 및 조사 참여 요청

할당 조건에 맞는 패널 전체에게 무작위로 이메일을 보내 '선착순'으로 조사를 마감하는 것은 가장 나쁜 방식 중 하나다. 이는 패널 활동에 가장 적극적이고, 항상 이메일을 확인하는 특정 유형의 사람들만 표본에 포함시키는 결과를 낳는다. 더 나은 방식은, 할당 조건에 맞는 패널리스트들을 먼저 추출한 뒤, 그중에서 다시 무작위로 일부를 선정하여 조사를 요청하고, 응답률이 저조할 경우 추가로 발송하는 단계적 접근법을 취하는 것이다. 이는 응답 기회의 균등성을 조금이나마 높이려는 노력이다.

데이터 품질 자동 검증

온라인 조사는 응답 과정의 통제가 어렵다는 태생적 한계를 가진다. 이를 보완하기 위해, 데이터 수집 단계에서 불성실 응답을 걸러내는 자동화된 품질 검증(Quality Check) 절차를 반드시 포함해야 한다. 문항을 읽지 않고 너무 빨리 응답하는 '과속 응답(Speeding)', 모든 문항에 동일한 답변을 하는 '일직선 응답(Straight-lining)', 그리고 앞뒤 문항의 논리적 일관성이 떨어지는 '비일관적 응답' 등을 자동으로 식별하여 분석에서 제외해야 한다. 또한 설문 중간에 함정 질문(Red herring)을 넣어 응답의 진정성을 확인하는 것도 좋은 방법이다.

편향은 언제나 남는다: 실행 단계의 한계와 과제

이 장에서 논의한 모든 통제 전략은 편향을 줄이기 위한 최선의 노력이다. 하지만 우리는 이 노력이 편향을 완벽하게 '제거'할 수 없다는 불편한 진실을 인정해야 한다. 아무리 조사 지점을 다양화해도 길에서 접근하기 어려운 사람들은 여전히 배제되며, 아무리 재시도를 해도 전화를 받지 않는 사람들의 특성은 알 수 없다. 온라인 패널 역시, 패널에 가입하지 않은 수많은 사람들의 목소리는 결코 담아낼 수 없다.

결국, 실행 단계에서의 엄격한 통제는 편향의 크기를 줄여주는 역할을 할 뿐, 편향의 존재 자체를 없애지는 못한다. 따라서 우리는 현장 조사가 완료된 데이터가 여전히 잠재적 편향을 안고 있다는 사실을 겸허히 받아들여야 한다. 이 남겨진 편향의 문제를 어떻게 다룰 것인가? 이 질문은 우리를 자연스럽게 다음 단계, 즉 수집된 데이터를 통계적으로 보정하고 분석하는 과정으로 이끈다.

참고문헌

Couper, M. P.(2000). Web surveys: A review of issues and approaches. Public opinion quarterly, 64(4), 464~494.

Groves, R. M., & Couper, M. P.(1998). Nonresponse in household interview surveys. John Wiley & Sons.

Poynter, R.(2010). The handbook of online and social media research: Tools and techniques for market researchers. John Wiley & Sons.

05

온라인 패널과 결합 할당

전통적인 현장 조사의 시대가 저물고, 할당 조사의 중심은 이제 온라인 패널로 완전히 이동했다. 클릭 몇 번으로 수천 명의 표본이 완성되는 디지털 시대의 속도는 조사 방법론의 혁명을 가져왔다. 하지만 이 새로운 표준은 우리에게 더 복잡하고 교묘한 편향의 문제를 제기한다. 이 장은 온라인 패널이라는 강력하지만 위험한 도구를 해부하고, 전통적인 결합 할당을 넘어 편향에 맞서는 한 단계 진화된 기술들을 탐구한다.

새로운 표준, 온라인 패널의 등장

불과 20년 전만 해도, 전국 단위 조사는 수많은 면접원이 각자의 지역에서 발로 뛰거나 수십 개의 전화 부스에서 땀 흘려야만 가능한 거대한 프로젝트였다. 하지만 온라인 패널의 등장은 이 모든 풍경을 바꾸어 놓았다. 온라인 패널이란 조사에 참여하기로 사전에 동의한 수만에서 수백만 명의 사람들을 데이터베이스로 구축해 놓은 시스템을 의미한다. 연구자는 이 데이터베이스에서 원하는 조건의 응답자를 손쉽게 추출하여 조사를 진행할 수 있다. 온라인 패널이 현대 할당 조사의 표준이 된 이유는 명확하다.

첫째, 압도적인 속도와 비용 효율성이다. 전화나 대면 조사가 수일에서 수주가 걸리는 반면, 온라인 패널 조사는 단 몇 시간 만에도 수천 개의 표본을 수집할 수 있다. 면접원 인건비나 전화 비용, 교통비가 전혀 들지 않아 조사 비용 역시 비교할 수 없을 정도로 저렴하다. 이러한 특성은 특히 빠른 의사 결정이 필요한 기업의 시장 조사나 긴급한 현안에 대한 언론의 여론 조사에서 절대적인 경쟁력으로 작용한다.

둘째, 조사 내용의 유연성과 풍부함이다. 전화 조사는 오직 청각에만 의존하기 때문에 복잡한 질문이나 시각적 자료를 제시할 수 없다. 하지만 온라인 조사는 이미지, 동

영상, 웹사이트 링크 등 다양한 멀티미디어 자극물을 응답자에게 쉽게 제시할 수 있다. 이는 광고 시안 평가, 제품 디자인 선호도, 사용자 인터페이스(UI) 테스트 등 전통적인 방식으로는 불가능했던 새로운 유형의 조사를 가능하게 만들었다.

셋째, 응답의 편의성과 솔직함이다. 응답자는 자신이 편한 시간에, 원하는 장소에서 조사에 참여할 수 있다. 또한 면접원이라는 사회적 존재가 없기 때문에, 소득이나 건강, 사적인 의견과 같은 민감한 질문에 대해 사회적 바람직성 편향 없이 더 솔직하게 응답할 가능성이 높다. 이처럼 온라인 패널은 과거의 조사 방법들이 가졌던 많은 제약을 해결하며 할당 조사의 새로운 시대를 열었다.

패널의 원죄: 모집 단계에서 시작되는 편향

그러나 온라인 패널의 눈부신 장점 이면에는 '패널'이라는 방식 자체에 내재된, 피할 수 없는 근본적인 한계가 존재한다. 이는 마치 건물의 기초 공사와 같아서 모집 단계에서 발생한 편향은 이후 어떤 정교한 할당 기술로도 완벽하게 바로잡을 수 없다.

자발적 참여의 문제(The Opt-in Problem)

현재 상업적으로 이용되는 거의 모든 온라인 패널은 연구자가 무작위로 선정한 사람들에게 참여를 요청하는 확률 기반 패널이 아니라, 특정 보상(포인트, 경품 등)을 얻기 위해 패널리스트가 '자발적으로' 가입 신청을 하는 비확률 옵트인 패널(Non-probability Opt-in Panel)이다. 이는 패널 자체가 대한민국 전체 국민의 축소판이 아니라, '인터넷을 활발하게 사용하고, 개인정보 제공에 상대적으로 덜 민감하며, 소액의 보상에 반응하는 사람들의 거대한 집합체'임을 의미한다. 이 첫 번째 필터를 통과한 사람들만으로 구성된 패널은 이미 모집단과 다른 특성을 가질 수밖에 없다.

모집 출처 편향(Recruitment Source Bias)

패널의 품질은 패널리스트를 어디서, 어떻게 모집했는지에 따라 크게 달라진다. 만약 특정 대형 포털 사이트나 쇼핑몰과의 제휴를 통해서만 패널을 모집한다면, 해당 패널은 자연스럽게 그 포털이나 쇼핑몰을 자주 이용하는 사람들의 특성을 과대 대표하게 될 것이다. 따라서 양질의 패널은 단일한 출처에 의존하지 않고, 소셜 미디어 광고, 앱 제휴, 온라인 커뮤니티 등 수십, 수백 개의 다양한 채널을 통해 패널을 모집하여 출처 편향을 최소화하려는 노력을 기울인다.

직업적 응답자 문제(The 'Professional Respondent' Problem)

패널 내부에서도 문제는 발생한다. 전체 패널리스트 중 소수의 매우 활동적인 사람들이 전체 조사의 대부분을 수행하는 현상이 나타나는데, 이들을 '직업적 응답자'라고 부른다. 이들은 설문 응답 요령에 익숙해져 질문을 꼼꼼히 읽지 않고 빠르게 답변하거나, 보상을 극대화하는 방향으로 응답 패턴을 최적화할 수 있다. 또한 반복적인 조사 참여 자체가 이들의 태도와 인식을 일반 대중과 다르게 만드는 '패널 컨디셔닝(Panel Conditioning)' 효과를 낳을 수도 있다. 이러한 문제들은 온라인 할당 조사의 데이터 품질을 위협하는 심각한 요인이다.

진화하는 할당 기술: 결합 할당을 넘어서

온라인 패널이 가진 근본적 한계 속에서, 연구자들은 편향을 줄이기 위해 더욱 정교하고 진화된 할당 기술을 적용해야 한다. 단순히 성 · 연령 · 지역을 맞추는 수준을 넘어선 새로운 시도들이 요구된다.

다차원 결합 할당(Multi-dimensional Interlocking)

3장에서 강조한 결합 할당을 더욱 고도화하는 것이다. 성별, 연령, 지역의 3차원 결합을 넘어, 교육 수준이나 소득 수준과 같은 제4, 제5의 변수까지 포함하여 할당 셀을 더욱 잘게 쪼개는 방식이다. 예를 들어 '수도권 거주 30대 대졸 남성'과 같이 매우 구체적인 집단을 통제하는 것이다. 물론 이는 할당표를 매우 복잡하게 만들고 일부 셀은 채우기 어렵다는 단점이 있지만, 표본의 구조를 모집단과 더욱 유사하게 만드는 가장 강력한 방법 중 하나다.

행동 및 태도 변수 할당(Behavioral and Attitudinal Quotas)
인구통계학적 특성만으로는 사람들의 다양성을 온전히 담아낼 수 없다는 인식에서 출발한 접근법이다. 이는 응답자의 실제 행동이나 기존 태도를 기준으로 할당을 설정하는 방식이다. 예를 들어, 선거 조사에서 지난 대선 투표 정당을 기준으로 할당을 설정하거나, 통신사 시장 점유율 조사에서 현재 이용 중인 통신사를 기준으로 할당을 적용하는 것이다. 이는 표본의 정치적, 혹은 행동적 균형을 직접적으로 통제할 수 있다는 강력한 장점이 있다. 다만, 이러한 변수들의 정확한 모집단 분포 데이터를 구하기 어렵다는 현실적인 제약이 따른다.

품질 관리의 새로운 지평: 단순 응답을 넘어

결론적으로, 진화하는 할당 조사의 미래는 단순히 할당 셀을 채우는 행위를 넘어, 그 셀을 채우는 응답의 '질(Quality)'을 어떻게 보증할 것인가에 대한 고민으로 향하고 있다. 아무리 정교한 할당표를 만들어도 불성실하거나 거짓된 응답으로 채워진다면 아무런 의미가 없기 때문이다.

따라서 현대 온라인 조사는 응답 내용 자체뿐만 아니라, 응답이 이루어지는 과정에서 발생하는 다양한 부가 데이터, 즉 '파라데이터(Paradata)'를 활용하여 품질을 관리하는 방향으로 나아가고 있다. 한 문항에 머무른 시간, 문항 간 이동 패턴, 답변 수정 여부 등을 분석하여 응답의 성실도를 평가하고, IP 주소나 디지털 핑거프린팅 기술을 통해 중복 응답이나 봇(Bot)에 의한 어뷰징을 차단하는 기술이 점점 더 중요해지고 있다. 이는 할당 조사가 '양(Quantity)'의 통제를 넘어 '질(Quality)'의 관리라는 새로운 차원으로 발전해야 함을 시사한다.

참고문헌

Callegaro, M. et al.(Eds.)(2014). Online panel research: A data quality perspective. John Wiley & Sons.

Tourangeau, R. et al.(2013). The science of web surveys. Oxford University Press.

Wang, W. et al.(2015). Forecasting elections with non-representative polls. International Journal of Forecasting, 31(3), 980~991.

06

선택 편향의 이해

연구자는 최신 인구 통계에 맞춰 성별, 연령, 지역별로 완벽하게 짜인 할당표를 완성했다. 현장에서는 단 하나의 오차도 없이 이 할당표가 100% 채워졌다. 표본은 외형적으로 모집단의 완벽한 거울처럼 보인다. 하지만 조사의 결과는 현실과 동떨어져 있다. 바로 이 지점이 할당 조사가 마주하는 가장 근본적이고 불편한 질문이다. 이 장은 할당이라는 인위적인 통제를 무력화시키는 보이지 않는 힘, '선택 편향'의 정체를 해부하고 그 작동 원리를 파헤친다.

선택 편향이란 무엇인가?: 보이지 않는 힘의 작용

선택 편향(Selection Bias)은 비확률 표집의 타당성을 위협하는 가장 근본적인 적이다. 간단히 정의하면, 표본에 포함되는 과정 자체가 조사를 통해 측정하려는 변수와 관련이 있을 때 발생하는 체계적 오류를 의미한다. 즉, 특정 특성을 가진 사람들이 다른 특성을 가진 사람들보다 표본으로 선택될 가능성이 체계적으로 높거나 낮을 때, 표본은 모집단을 대표할 수 없게 된다.

예를 들어, 과일 선호도에 대한 조사를 특정 '사과 농장'에서만 진행했다고 상상해 보자. 연구자가 아무리 방문객들의 성별과 연령 비율을 전국의 인구 구성과 동일하게 맞추어 조사(할당)를 진행했다 하더라도, 그 결과는 압도적으로 '사과를 선호한다'는 쪽으로 기울어질 것이다. 왜냐하면 '사과 농장에 방문했다'는 표본 선택 과정 자체가 '과일 선호도'라는 결과 변수와 이미 깊숙이 관련되어 있기 때문이다.

여기서 더 심각한 문제는 선택 편향이 단순히 특정 응답의 비율(예: 사과 선호율)만을 왜곡하는 데 그치지 않는다는 점이다. 이는 표본 내 변수들 간의 관계(relationship) 자체를 왜곡시킬 수 있다. 예를 들어, 실제 모집단에서는 나이와 사과 선호도 사이에 아무런 관련이 없을 수 있다.

하지만 사과 농장 표본에서는 주중에 방문하는 은퇴한 고령층과 주말에 자녀와 함께 방문하는 젊은 층의 선호도가 다르게 나타나 실제로는 존재하지 않는 '나이와 사과 선호도 간의 허위 상관관계(spurious correlation)'가 데이터에 나타날 수 있다. 이처럼 선택 편향은 현실을 잘못 기술하는 것을 넘어, 현실에 존재하지 않는 인과관계를 만들어내는 위험까지 내포하고 있다.

확률 표집은 바로 이 선택 편향의 문제를 '무작위화(Randomization)'라는 강력한 무기로 해결한다. 모든 구성원에게 동등한 선택 기회를 부여함으로써, 연구자의 의도나 응답자의 특성이 표본 선택 과정에 개입할 여지를 원천적으로 차단한다. 하지만 비확률 표집은 이 무작위화라는 안전장치가 부재하기에, 선택 편향의 위협에 고스란히 노출될 수밖에 없다. 할당표를 통해 몇 가지 '관찰 가능한 변수'를 통제할 수는 있지만, 표본 선택에 영향을 미치는 수많은 '관찰 불가능한 변수'들은 전혀 통제되지 않기 때문이다.

선택 편향의 제1원인: 응답자의 자기 선택

비확률 표집에서 선택 편향이 발생하는 가장 중요하고 보편적인 원천은 응답자 스스로 표본이 되기를 선택하는 '자기 선택' 과정이다. 특히 오늘날 할당 조사의 대부분을 차지하는 온라인 패널 조사는 본질적으로 자기 선택 편향의 거대한 집합체라 할 수 있다.

온라인 패널에 가입하는 행위 자체가 일종의 자기 선택이다. 패널 가입자들은 비가입자들에 비해 인터넷 사용이 더 능숙하고, 자신의 의견을 표현하려는 욕구가 더 강하며, 설문 참여를 통해 얻는 소액의 보상에 더 민감하게 반응하는 사람들이다. 이미 이 단계에서 일반 대중과는 다른 특성을 가진 사람들이 1차적으로 걸러진다.

설문 참여 요청 단계에서 자기 선택은 한 번 더 일어난다. 패널리스트들은 수많은 조사 참여 요청 메일 중에서 자신이 더 흥미를 느끼거나 쉽게 응답할 수 있다고 판단하는 조사만을 선택적으로 골라서 참여하게 된다. 예를 들어, 정치에 관심이 많은 사람은 정치 여론 조사에 더 적극적으로 응답할 것이고, 최신 IT 기기에 관심이 많은 사람은 관련 제품 수용도 조사에 더 많이 참여할 것이다.

나아가 조사 참여 행위 자체가 특정 심리적 특성과 관련이 있을 수 있다. 사회적 이슈에 대해 의견을 개진하는 것을 일종의 '시민 참여'로 여기는 사람, 혹은 자신의 목소리가 정책에 반영되기를 바라는 효능감이 높은 사람일수록 조사에 더 적극적일 수 있다. 이러한 '참여 지향성'은 그 자체로 특정 정치적 성향이나 사회적 신뢰도와 깊은 관련을 맺는다. 결국 특정 주제에 대한 관심도와 태도, 그리고 참여 지향성이라는 심리적 특성이 조사 참여 여부를 결정하는 핵심적인 요인이 되며, 이는 해당 주제에 대한 여론을 실제보다 더 과장하거나 왜곡하는 결과를 낳는다. 이처럼 응답자의 자발성에 의존하는 한 조사 결과는 항상 '침묵하는 다수'가 아닌 '목소리 큰 소수'의 의견을 과대 대표할 위험을 안고 있다.

선택 편향의 제2원인: 조사원의 선택

면접원이 개입하는 전통적인 전화 및 대면 할당 조사에서는 '조사원의 선택'이 또 다른 중요한 편향의 원천으로 작용한다. 연구자가 아무리 정교한 결합 할당표를 제공해도, 각 할당 셀을 채울 최종 응답자를 '선택'하는 권한은 현장의 면접원에게 있기 때문이다. 그리고 그 선택은 결코 무작위적으로 이루어지지 않는다.

편의성 추구(Convenience Seeking)

면접원은 주어진 시간 안에 할당량을 채워야 한다는 압박을 받는다. 따라서 자연스럽게 가장 접근하기 쉽고, 응답해 줄 확률이 높아 보이는 사람들을 선호하게 된다. 대면 조사원은 유동 인구가 많은 지하철역이나 쇼핑몰을 선호하며 한적한 주택가나 외진 곳은 기피한다. 전화 조사원은 친절하게 전화를 받아주는 사람과 대화를 이어가려 하고, 조금이라도 응답을 꺼리는 기색이 보이면 서둘러 통화를 종료하려 한다. 이는 결국 특정 라이프스타일을 가진 사람들(외향적이고, 시간적 여유가 있으며, 타인에게 협조적인)이 표본에 과대 대표되는 결과를 낳는다.

무의식적 편견(Unconscious Bias)

면접원 역시 인간이기에, 자신이 더 편하게 느끼는 상대와 상호작용하려는 경향이 있다. 자신과 비슷한 연령대나 사회적 배경을 가진 사람에게 무의식적으로 더 접근할 수 있으며, 반대로 특정 외모나 복장을 한 사람, 혹은 특정 지역의 사람들을 자신도 모르게 피할 수 있다. 이러한 무의식적 편견들이 수많은 면접원을 통해 축적될 때, 표본 전체는 특정 방향으로 미세하게 편향될 수 있다.

이처럼 조사원의 선택 과정은 수많은 변수가 개입하는 '블랙박스'와 같다. 이 블랙박스를 통제하지 않는 한, 할당표는 단지 최종 표본의 인구통계학적 구성을 사후적으로 정당화하는 알리바이에 불과할 수 있다.

관찰 가능한 것과 불가능한 것: 편향을 넘어서기 위한 관점

결론적으로, 선택 편향의 문제는 '관찰 가능한 변수'와 '관찰 불가능한 변수' 사이의 괴리로 요약할 수 있다. 할당 표집은 성별, 연령, 지역과 같이 우리가 그 분포를 알고 있고, 쉽게 관찰하여 통제할 수 있는 몇 가지 변수들을 기준으로 표본의 균형을 맞추려는 시도다. 하지만 실제 선택 편향을 일으키는 주된 동력은 정치적 태도, 라이프스타일, 성격, 조사 참여 동기와 같이 관찰하거나 통제하기 어려운 변수들이다.

따라서 선택 편향을 극복하려는 노력은 단순히 관찰 가능한 변수의 할당 셀을 채우는 수준을 넘어서야 한다. 앞으로 이어질 장들에서 우리는 이 문제에 대응하기 위한 두 가지 핵심 전략을 탐구할 것이다. 첫째는 설계 단계에서의 노력(7장)이다. 교육 수준이나 과거 투표 행태처럼, 관찰 불가능한 핵심 변수들과 관련이 높은 또 다른 관찰 가능한 변수들을 찾아내어 할당표를 더욱 정교하게 만드는 것이다. 둘째는 분석 단계에서의 노력(8장)이다. 설계와 현장 통제를 통해 줄이지 못한 나머지 편향들을, 확률 표본 데이터를 벤치마크로 삼아 통계적으로 보정하려는 시도다. 선택 편향은 단 한 번의 조치로 해결될 수 있는 문제가 아니며 설계, 실행, 분석의 모든 단계에 걸쳐 총력전을 펼쳐야만 하는 복합적인 과제다.

참고문헌

Bethlehem, J.(2010). Selection bias in web surveys. International Statistical Review, 78(2), 161~188.

Groves, R. M., & Couper, M. P.(1998). Nonresponse in household interview surveys. John Wiley & Sons.

Heckman, J. J.(1979). Sample selection bias as a specification error. Econometrica, 47(1), 153~161.

07

편향을 줄이는 설계 전략

선택 편향이 비확률 표집의 피할 수 없는 원죄(原罪)라 할지라도, 그것이 우리가 통제할 수 없는 불가항력의 자연 법칙은 아니다. 편향은 연구자의 방치 속에서 자라나지만, 치밀하고 의도적인 설계 앞에서는 그 위력이 약화된다. 우리는 편향을 완벽히 제거할 수는 없지만, 더 촘촘한 그물을 던지고 현장의 규칙을 더 엄격히 적용함으로써 그것을 의미 있는 수준까지 줄일 수 있다. 이 장은 편향과의 전쟁에서 승리하기 위한 구체적인 설계 및 현장 전략을 다루는 실천적 무기 상자다.

편향 최소화의 기본 원칙: 선택 가능성을 제어하라

6장에서 우리는 선택 편향이 응답자의 자기 선택과 조사원의 임의적 선택 과정에서 발생함을 확인했다. 그렇다면 편향을 줄이는 전략의 기본 원칙은 명확해진다. 바로 "최종 선택 단계에 개입하는 임의성, 즉 선택의 재량을 가능한 한 최소화하는 것"이다. 좋은 설계 전략이란 조사원이나 응답자가 자신의 편의나 성향에 따라 표본에 포함되거나 배제될 수 있는 수많은 가능성의 경로를 미리 차단하고, 연구자가 의도한 방향으로 표본이 구성되도록 강력한 제약 조건을 설정하는 과정이다.

이는 단순히 '성 · 연령 · 지역'이라는 결과적 특성만 맞추는 소극적인 '기술적 할당(descriptive quotas)'을 넘어서는 접근이다. 이는 표본이 구성되는 '과정' 자체를 통제하려는 적극적인 '규범적 설계(prescriptive design)'로의 전환을 의미한다. 조사원은 더 이상 '20대 남성'이라는 팻말을 들고 길거리에서 가장 만나기 쉬운 20대 남성을 찾는 사냥꾼이 되어서는 안 된다. 대신, 연구자가 미리 설계한 지도 위에서, 정해진 규칙에 따라 특정 유형의 20대 남성을 만나도록 강제되어야 한다. 이처럼 선택의 자유도를 줄이고 예측 불가능성을 낮추는 모든 노력이 편향을 줄이는 핵심적인 전략이 된다.

전략 1: 더 촘촘한 그물 던지기-할당 변수의 고도화

선택의 재량을 줄이는 가장 강력한 방법은 할당표 자체를 더 정교하고 촘촘하게 만드는 것이다. '성 · 연령 · 지역'이라는 기본적인 그물만으로는 너무 많은 물고기(편향)가 빠져 나간다. 우리는 조사 주제와의 관련성, 그리고 선택 편향과의 상관관계를 고려하여 더 세밀한 변수들을 추가함으로써 그물코를 좁혀야 한다.

교육 수준(Education Level)

인구통계 변수를 넘어 가장 먼저 추가해야 할 핵심 변수다. 교육 수준은 정치적 태도, 소득 수준, 미디어 소비 행태, 건강 정보 이해력 등 사회의 거의 모든 주요 변수와 높은 상관관계를 보인다. 또한 고학력 집단이 조사에 더 협조적이라는 연구 결과가 많다는 점에서, 교육 수준은 조사 참여 행위 자체와도 관련이 깊은 '편향 유발 변수'이기도 하다. 따라서 '20대 대졸'과 '20대 고졸 이하'를 구분하여 할당하는 것만으로도 우리는 표본의 이념적, 사회 경제적 균형을 훨씬 더 정교하게 맞출 수 있다.

직업 및 취업 상태(Occupation and Working Status)

특히 주중 낮 시간대 조사의 편향을 통제하는 데 매우 효과적인 변수다. 단순히 '직장인'으로 뭉뚱그리는 것을 넘어 '화이트칼라', '블루칼라', '자영업자', '주부', '학생' 등으로 구분하여 할당을 적용해야 한다. 이는 특정 직업군이나 특정 생활 패턴을 가진 사람들의 목소리가 과소 혹은 과대 대표되는 것을 막아준다. 예를 들어, 정치적으로 특정 성향을 보일 가능성이 있는 생산직 노동자 집단은 주중 낮 시간 전화 조사에서는 거의 접촉이 불가능하므로, 이들에 대한 별도의 할당과 접촉 노력이 없다면 표본은 심각하게 왜곡될 것이다.

정치 이념 프록시 변수(Proxy for Political Ideology)

정치 여론 조사에서 편향을 줄이기 위한 가장 직접적인 무기다. 응답자의 주관적인 이념 성향(진보/중도/보수)이나 과거 투표 행태("지난 OOO선거에서 어느 정당 후보에게 투표하셨습니까?")를 할당 변수로 사용하는 것이다. 이는 특정 정당 지지층의 응답 거부로 인해 발생하는 '정치적 무응답 편향'을 직접적으로 통제할 수 있다는 강력한 장점을 가진다. 다만 과거 투표 행태 등의 모집단 실제 분포에 대한 정확한 데이터를 구하기 어렵다는 현실적 한계가 존재한다. 그럼에도 불구하고 선거관리위원회의 공식 투표 결과나 신뢰도 높은 패널 데이터를 벤치마크로 삼아 이를 할당에 적용하려는 노력은 조사의 정확성을 한 차원 높일 수 있다.

전략 2: 현장의 블랙박스 열기-조사 과정의 엄격한 통제

촘촘한 할당표가 설계되었다면, 이제 현장에서 이 설계가 무시되거나 왜곡되지 않도록 조사 과정을 엄격하게 통제해야 한다.

체계적 조사 지점 및 시간 선정(대면 조사)

4장에서 언급했듯, 조사 지점과 시간을 면접원에게 맡기는 것은 편향을 방치하는 것이다. 여기서 더 나아가, 연구자는 통계적 원리를 적용하여 조사 지점을 체계적으로 선정할 수 있다. 예를 들어, 특정 도시를 여러 개의 동(洞)으로 나누고, 각 동의 인구수에 비례하여 조사 지점 수를 할당한 뒤, 각 동 내에서는 무작위로 특정 아파트 단지 입구나 공원을 조사 지점으로 지정하는 방식이다. 이는 면접원이 특정 지역만을 편애하는 것을 막고 표본의 지리적 대표성을 극적으로 높여 준다.

가구 내 응답자 무작위 선정 기법(전화/대면 조사)

조사원이 특정 가구에 접촉했을 때, 누가 응답자로 선정되어야 하는가? 이 마지막 선택 단계의 편향을 줄이기 위해, '최근 생일자(Last Birthday Method)'나 '다음 생일자(Next Birthday Method)'와 같은 준-무작위 선정 기법을 도입해야 한다. 이는 전화를 받거나 문을 열어준 사람(주로 여성이나 노년층일 가능성이 높음)이 아니라, 가구 내 성인 구성원 중 생일이 가장 가깝게 다가오는 사람을 조사 대상으로 선정하도록 강제하는 규칙이다. 이 간단한 규칙 하나가 가구 내 성별, 연령별 편향을 줄이는 데 매우 효과적이다.

온라인 패널 참여 요청 프로토콜

온라인 조사에서도 '누구에게 먼저 기회를 줄 것인가'를 통제해야 한다. 가장 좋은 방법은 '응답 속도'에 의한 편향을 최소화하는 것이다. 전체 패널에게 동시에 참여 요청을 보내는 대신, 할당 조건에 맞는 패널을 무작위로 여러 그룹으로 나누어 순차적으로 요청을 보내는 '단계적 발송' 방식을 사용해야 한다. 또한 응답이 저조한 특정 할당 셀(예: '지방 거주 60대 이상 남성')이 발견되면, 해당 셀에 속한 패널에게만 추가적으로 참여를 요청하거나 더 높은 인센티브를 제공하는 '응답적 설계(Responsive Design)'

개념을 적용하여 표본의 균형을 실시간으로 맞춰 나가야 한다.

설계는 끝나지 않았다: 한계의 인정과 다음 단계로

이 장에서 제시한 모든 전략들은 선택 편향이라는 강력한 적에 맞서기 위한 구체적인 기술들이다. 더 촘촘한 할당 변수를 사용하고, 현장 통제를 강화하며, 응답자 선정의 마지막 단계까지 임의성을 줄이려는 노력은 분명 비확률 표집의 품질을 유의미하게 향상시킨다.

하지만 우리는 이 모든 노력이 편향을 완벽하게 제거할 수 없다는 사실을 다시 한번 인정해야 한다. 아무리 정교한 설계를 해도, 조사 참여 자체를 거부하는 사람들의 특성까지 통제할 수는 없다. 설계와 현장 통제는 우리가 아는 편향의 원인들을 최대한 막아내는 방파제와 같지만, 우리가 알지 못하는 미지의 편향이나 통제 불가능한 잔여 편향은 여전히 데이터 속에 남아 있게 된다.

따라서 설계 단계에서의 노력은 편향과의 싸움에서 전반전일 뿐이다. 이 필연적으로 남겨진 잔여 편향을 어떻게 처리할 것인가? 이 질문은 우리를 후반전, 즉 수집된 데이터를 통계적으로 보정하고 조정하는 8장의 주제로 이끈다.

참고문헌

Sudman, S.(1966). Probability sampling with quotas. Journal of the American Statistical Association, 61(315), 749~771.

Terhanian, G., & Bremer, J.(2012). A new paradigm for polling. Public Opinion Quarterly, 76(S1), 332~352.

Vehovar, V. et al.(2016). Non-probability sampling. In The SAGE handbook of survey methodology(pp.329~345). Sage.

08

가중치를 이용한 사후 보정

최고의 설계와 가장 엄격한 현장 통제를 거쳐 마침내 데이터가 수집되었다. 하지만 우리의 싸움은 아직 끝나지 않았다. 아무리 노력해도 표본은 모집단의 완벽한 거울이 되지 못하며, 그 안에는 여전히 잔여 편향이라는 미세한 균열들이 남아있다. 가중치를 이용한 사후 보정은 이 균열을 메우고 표본을 모집단에 더 가깝게 재조정하려는 마지막 통계적 수술이다. 하지만 모든 수술이 그렇듯, 이 과정은 정교한 기술을 요구하며 때로는 예상치 못한 부작용을 낳을 수도 있다.

사후 보정의 필요성: 왜 가중치가 필요한가?

7장까지 우리는 선택 편향을 줄이기 위해 설계와 현장 실행 단계에서 할 수 있는 모든 노력을 탐구했다. 촘촘한 결합 할당을 설계하고, 조사 과정을 엄격하게 통제함으로써 편향의 상당 부분을 예방할 수 있다. 하지만 그럼에도 불구하고 최종적으로 수집된 표본의 인구통계학적 구성이 우리가 목표했던 모집단의 구성과 정확하게 일치하는 경우는 거의 없다. 이는 통제 불가능한 자기 선택과 조사원의 선택 과정에서 발생하는 미세한 편차들이 누적된 필연적인 결과다.

예를 들어, 우리는 '서울 거주 20대 남성'을 50명 할당했지만, 현장 조사의 어려움으로 인해 최종적으로 45명만 조사되었을 수 있다. 반대로, 조사하기 수월했던 '수도권 거주 30대 여성'은 목표치인 60명을 넘어 70명이 조사되었을 수도 있다. 이처럼 표본의 최종 구성이 모집단의 실제 구성과 달라진 상태를 '표본 불균형'이라 하며, 이를 그대로 분석하면 특정 집단의 목소리가 과대 혹은 과소 대표되는 왜곡이 발생한다.

가중치(Weight)를 이용한 사후 보정은 바로 이 문제를 해결하기 위한 통계적 기법이다. 각 응답자에게 서로 다른 가중값을 부여하여, 표본의 주요 특성 분포가 사전에 알려진 모집단의 분포와 정확하게 일치하도록 인위적으로 조정하는 과정이다. 이는 마치 색감이 왜곡된 사진을 보정 프로그램을 통해 실제 색감에 가깝게 조정하는 것과 같다. 과소 대표된 집단에 속한 응답자에게는 1보다 큰 가중치를 부여해 그들의 목소리를 더 크게 만들고, 과대 대표된 집단의 응답자에게는 1보다 작은 가중치를 부여해 그들의 영향력을 줄이는 것이다. 이 과정을 통해 우리는 비로소 표본 데이터를 가지고 모집단 전체를 추정할 수 있는 최소한의 정당성을 확보하게 된다.

가장 기본적인 도구: 사후 층화 가중

사후 보정의 가장 기본적이고 널리 사용되는 방법은 사후 층화 가중(Post-stratification)이다. 이는 표본이 수집된 '이후(post)'에, 모집단의 알려진 특성을 기준으로 표본을 여러 개의 '층(strata)'으로 나누어 가중치를 부여하는 방식이다.

이론적으로 가장 순수하고 직접적인 사후 층화 방식은 '셀 가중(Cell Weighting)' 방식이다. 이는 두 개 이상의 가중 변수(예: 성별*연령)를 교차하여 만든 각 셀(cell)에 대해 직접 가중치를 계산하는 방법이다. 그 과정은 직관적이다.

가중치를 적용할 변수(예: 성별, 연령)를 교차하여 분석 단위를 나눈다(예: '20대 남성', '20대 여성', '30대 남성'…).

각 셀별로 모집단에서의 실제 구성 비율과, 우리가 수집한 표본에서의 구성 비율을 비교한다.

특정 셀에 속한 개별 응답자의 가중치는 다음의 간단한 공식으로 계산된다: 가중치 = (해당 셀의 모집단 비율) / (해당 셀의 표본 비율).

예를 들어, 모집단에서 '20대 남성'의 비율이 10%인데, 우리가 수집한 표본에서는 5%에 불과했다면, '20대 남성' 셀에 속한 응답자들은 각각 2.0(10%/5%)이라는 가중치를 받게 된다. 반대로 표본에서 '50대 여성'이 15%를 차지했지만 모집단에서는 10%에 불과했다면, '50대 여성' 응답자들은 각각 약 0.67(10%/15%)의 가중치를 받는다.

하지만 이 셀 가중 방식은 현실적으로 큰 제약을 가진다. 가중 변수가 3개 이상(예: 성별*연령*지역)으로 늘어나면 셀의 수가 기하급수적으로 증가하게 된다. 이 경우, 표본 수가 적은 일부 셀에는 응답자가 한 명도 없는 '빈 셀(empty cell)' 문제가 발생할 확률이 매우 높다. 셀에 응답자가 없으면 가중치를 계산하는 공식의 분모가 0이 되어 가중치를 부여할 수 없게 된다.

이러한 문제를 해결하기 위해 실제 조사에서는 레이킹

(Raking) 또는 림 가중(Rim Weighting)이라는 기법이 더 널리 사용된다. 레이킹은 각 셀의 비율을 직접 맞추는 대신 가중치를 부여할 각 변수의 주변 분포(marginal distribution)만을 반복적으로 맞춰 나가는 방식이다. 즉, 먼저 성별 비율을 맞추고, 그 다음 연령 비율을 맞추고, 다시 지역 비율을 맞추는 과정을 여러 번 반복하여 모든 변수의 주변 분포가 모집단과 거의 일치하도록 가중치를 수렴시키는 것이다. 이 방식은 '빈 셀'이 존재하더라도 가중치를 안정적으로 계산할 수 있다는 큰 장점이 있다.

하지만 어떤 방식을 사용하든 사후 층화의 근본적인 한계는 명확하다. 이는 우리가 가중치 계산에 사용한 '관찰 가능한 변수'에 대해서만 표본의 균형을 보장할 뿐, 우리가 통제하지 못한 '관찰 불가능한 변수'로 인한 편향까지 해결해 주지는 못한다.

더 정교한 접근법: 표본 매칭과 성향 점수 조정

사후 층화 가중의 한계를 넘어서기 위해, 통계학자들은 선택 편향 자체를 직접적으로 모델링하려는 더 정교한 접근법들을 개발해 왔다. 이러한 기법들은 일반적으로 신뢰도 높은 확률 표본 조사 데이터를 '기준점(benchmark)'으로 활용한다.

표본매칭(Sample Matching)

이는 주로 대규모 온라인 패널에서 사용되는 기법이다. 먼저, 목표로 하는 고품질의 확률 표본 조사(타깃 표본)를 설정한다. 그리고 비확률 온라인 패널에서, 이 타깃 표본의 응답자들과 인구통계학적 특성뿐만 아니라 정치 성향, 라이프스타일 등 수십 개의 변수에서 매우 유사한 '통계적 쌍둥이'들을 찾아내어 최종 분석 표본을 구성하는 방식이다. 이는 비확률 표본을 확률 표본과 최대한 '닮은꼴'로 만드는 일종의 정교한 추출법이라 할 수 있다.

성향 점수 조정(Propensity Score Adjustment, PSA)

선택 편향을 보정하는 가장 대표적인 고급 통계 기법이다. 이를 위해서는 비확률 표본과 병행하여, 동일한 문항으로 조사된 고품질의 확률 표본(참조 표본)이 반드시 필요하다. 분석 과정은 다음과 같다. 첫째, 두 표본 데이터를 하나로 합친 뒤, 특정 응답자가 비확률 표본에 속할 확률, 즉 '성향 점수'를 예측하는 통계 모델(주로 로지스틱 회귀분석)을 만든다. 이 모델에는 두 표본 간에 차이를 보일 것으로 예상되는 모든 변수(인구통계, 태도, 행동 변수 등)가 투입된다. 이 성향 점수는 곧 개별 응답자가 가진 '선택 편향의 크기'를 의미한다. 둘째, 이 성향 점수의 역수를 각 비확률 표본 응답자에게 가중치로 부여한다. 즉, 확률 표본에 더 많이 나타나는 특성을 가졌음에도 비확률 표본에 포함된 응답자(선택될 확률이 낮은 사람)에게는 높은 가중치를, 비확률 표본에 흔한 특성을 가진 응답자(선택될 확률이 높은 사람)에게는 낮은 가중치를 부여하여 편향을 상쇄하는 것이다.

이러한 고급 기법들은 단순한 사후 층화보다 더 많은 변수를 고려하여 편향을 줄일 수 있다는 잠재력을 가지지만, 고품질의 참조 표본을 확보해야 한다는 현실적 어려움과 고도의 통계적 전문성을 요구한다는 한계를 동시에 가진다.

가중치의 함정과 투명성의 원칙

가중치는 편향을 줄이는 강력한 도구이지만, 동시에 데이터를 심각하게 왜곡할 수 있는 위험한 도구이기도 하다. 연구자는 가중치를 적용할 때 몇 가지 중요한 함정을 인지해야 한다.

첫째, 극단적 가중치의 문제다. 표본에 특정 집단이 극도로 적게 포함된 경우, 이들에게는 매우 큰 가중치가 부여될 수 있다. 예를 들어, 단 한 명의 응답자가 100명 분의 가중치를 갖게 될 수도 있다. 이 경우, 단 한 명의 특이한 응답이 전체 결과에 막대한 영향을 미치는 '과도한 영향력' 문제가 발생한다. 또한 극단적인 가중치는 통계적 추정치의 분산을 크게 증가시켜 결과의 안정성을 해친다. 이를 방지하기 위해 연구자들은 보통 가중치의 상한선과 하한선을 설정하는 '가중치 트리밍(weight trimming)'을 수행한다.

둘째, '쓰레기가 들어가면 쓰레기가 나온다(Garbage In, Garbage Out)'는 원칙이다. 가중치는 마법이 아니다. 애초에 매우 편향된 방식으로 수집된, 품질이 낮은 데이터에 아무리 정교한 가중치를 적용해도 그 결과를 신뢰할 수 없다. 가중치는 표본의 미세한 불균형을 조정하는 도구지, 부실한 조사를 구제하는 만병통치약이 아니다.

따라서 엄격한 조사의 마지막 원칙은 바로 투명성이다. 연구자는 최종 보고서에서 자신이 어떤 변수를 사용하여 어떤 방식으로 가중치를 부여했는지, 모집단 목표치는 어떤 자료를 사용했는지, 최종적으로 적용된 가중치의 분포(최솟값, 최댓값, 평균 등)는 어떠한지 모든 과정을 명확하게 밝혀야 할 학문적, 윤리적 의무가 있다. 이 투명성이야말로 복잡한 통계적 보정 과정에 대한 신뢰를 담보하는 마지막 필수 요건이다.

참고문헌

Kalton, G., & Flores-Cervantes, I.(2003). Weighting methods. Journal of official Statistics, 19(2), 81.

Lee, S., & Valliant, R.(2009). Weighting for estimation of subdivision totals in panel surveys. Survey Methodology, 35(1), 45~56.

Valliant, R., & Dever, J. A.(2018). Survey weights: A step-by-step guide to calculation. Stata Press.

09

비확률 표본의 품질 평가와 보고

확률 표본의 품질은 '과정'의 올바름으로 평가된다. 무작위 원칙을 얼마나 충실히 따랐는지가 신뢰의 기준이 된다. 하지만 과정 자체에 근본적 결함이 있는 비확률 표본의 품질은 어떻게 평가해야 하는가? 이 장은 '오차범위'라는 익숙한 기준을 넘어, 비확률 표본의 품질을 가늠할 수 있는 현실적인 방법들을 탐구하고, 연구자가 자신의 연구를 세상에 내놓을 때 지켜야 할 최소한의 '지적 정직성'과 투명성의 원칙에 대해 논한다.

품질 평가의 패러다임 전환: 과정에서 결과로

조사의 품질을 평가하는 패러다임은 표본 설계 방식에 따라 근본적으로 달라진다. 확률 표본의 품질은 주로 표본을 추출하는 '과정(process)'에 대한 평가를 통해 이루어진다. 연구자는 표집틀의 포함률(coverage rate), 조사 응답률(response rate), 그리고 이를 바탕으로 계산된 표본 오차(sampling error)와 같은 객관적인 지표들을 제시함으로써 조사의 신뢰도를 주장한다. 좋은 과정이 좋은 결과를 낳는다는 과학적 신념이 그 기저에 있다.

하지만 비확률 표본의 세계에서는 이러한 과정 중심의 평가가 더 이상 유효하지 않다. 6장에서 보았듯이, 비확률 표본은 자기 선택과 조사원의 선택이라는 근본적인 편향의 원인을 과정 자체에 내포하고 있기 때문이다. 따라서 응답률이 아무리 높아도, 할당을 아무리 잘 채워도 그 과정만으로는 결과의 정확성을 보증할 수 없다.

이로 인해 비확률 표본의 품질 평가는 과정이 아닌 '결과(outcome)'에 대한 평가로 그 무게중심을 옮겨야 한다. 즉, "우리가 정해진 절차를 잘 따랐는가?"라는 질문을 넘어, "그래서, 이 조사의 결과가 실제 현실(truth)과 얼마나 가까운가?"라는 더 어렵고 본질적인 질문에 답해야 한다. 이는 조사의 품질을 내부적인 절차의 완결성이 아니라, 외부의 객관적인 기준과의 비교를 통해 검증해야 함을 의미한다. 총조사 오차(Total Survey Error)의 관점에서 볼 때, 확률 표본이 측정 가능한 표본 오차 관리에 집중한다면, 비확률 표본은 측정하기 어려운 선택 편향과 같은 비표본 오차와의 싸움에 그 성패가 달려 있다.

품질 평가의 실천적 방법: 벤치마킹과 외부 데이터 활용

비확률 표본 조사의 결과를 실제 현실과 비교하기 위해서는, 우리가 '참값'이라고 믿을 수 있는 신뢰도 높은 기준점, 즉 벤치마크(benchmark) 데이터가 필요하다.

정부 공식 통계와의 비교

가장 널리 사용되는 방법은 비확률 표본 조사의 인구통계학적 변수 및 일부 주요 변수의 분포를 정부의 공식 통계(예: 인구총조사, 사회 조사, 경제활동인구조사)와 비교하는 것이다. 예를 들어, 조사 완료 후 가중치를 적용하지 않은 원자료(raw data)의 학력 분포가 인구총조사의 학력 분포와 얼마나 차이가 나는지를 확인함으로써, 표본이 특정 학력 계층으로 얼마나 편향되었는지를 가늠할 수 있다. 여기서 더 나아가 흡연율, 주택 소유율, 스마트폰 보급률 등 정부 통계에서 제공하는 객관적인 행동 변수들의 분포까지 비교한다면, 우리 표본의 품질을 더 다각적으로 평가할 수 있다.

선거 예측을 통한 검증

선거 여론 조사는 비확률 표본의 품질을 가장 엄격하고 공개적으로 검증받는 시험대다. 조사 결과가 며칠, 몇 주 뒤에 발표될 실제 투표 결과라는 명백한 참값과 직접적으로 비교되기 때문이다. 특정 조사 기관의 패널이 여러 번의 선거에서 지속적으로 예측 정확성이 높았다면, 이는 해당 기관의 패널 구축 방식, 할당 설계, 가중치 부여 절차가 다른 기관에 비해 상대적으로 더 효과적임을 시사하는 강력한 증거가 될 수 있다. 물론 선거 예측의 성공이 다른 모든 주제의 조사에서도 정확성을 보장하는 것은 아니지만, 이는 패널의 정치적 편향성을 측정하는 중요한 리트머스 시험지 역할을 한다.

병행 확률 표본 조사와의 비교

가장 이상적이지만 비용이 많이 드는 방법은, 동일한 설문지를 사용하여 비확률 표본 조사와 고품질의 확률 표본 조사를 동시에 진행하여 그 결과를 비교하는 것이다. 이는 두 표본 간의 차이가 어디에서, 얼마나 발생하는지를 가장 직접적으로 보여 주며, 8장에서 논의한 성향 점수 조정(PSA)과 같은 고급 보정 기법의 기반 데이터를 제공하기도 한다.

보고의 윤리: '오차 범위'를 넘어서는 투명성

좋은 조사는 좋은 데이터를 생산하는 것에서 끝나지 않는다. 그 데이터가 어떻게 만들어졌으며, 어떤 한계를 가지는지에 대해 모든 이용자에게 투명하게 공개하는 책임감 있는 '보고(reporting)'를 통해 완성된다. 특히 비확률 표본 조사에서는 이러한 투명성이 무엇보다 중요하다.

가장 먼저 바로잡아야 할 잘못된 관행은 비확률 표본 조사 결과에 '표본 오차' 또는 '오차 범위'를 제시하는 것이다. 표본 오차는 표본이 확률적으로 추출되었다는 대전제 하에서만 계산될 수 있는 통계적 개념이다. 따라서 비확률 표본에 표본 오차(예: ±3.1%p)를 표기하는 것은, 그 조사가 확률 표집에 기반한 것처럼 보이는 착각을 불러일으키는 비과학적이고 비윤리적인 행위다. 이는 미국 여론조사학회(AAPOR)와 같은 세계적인 학술 단체에서도 엄격하게 금지하고 있는 사항이다.

그렇다면 무엇을 보고해야 하는가? AAPOR의 투명성

이니셔티브(Transparency Initiative)와 같은 국제적 논의를 바탕으로, 책임감 있는 비확률 표본 조사 보고서가 반드시 포함해야 할 최소한의 항목들은 다음과 같다.

1. 조사 주체 및 자금 출처: 누가 이 조사를 수행했으며, 연구 비용은 누가 지원했는지를 명확히 밝힌다.

2. 표본 설계 및 모집 방식: 온라인 패널 조사라면, 어떤 패널을 사용했으며 해당 패널이 어떤 방식으로 모집되었는지(패널 모집 출처)를 구체적으로 기술해야 한다.

3. 할당 변수 및 모집단 기준: 어떤 변수(예: 성별, 연령, 지역, 학력)를 기준으로 할당을 적용했는지, 그리고 각 변수의 모집단 목표치는 어떤 데이터(예: 2024년 12월 행정안전부 주민등록인구)를 기준으로 했는지 명시한다.

4. 가중치 부여 절차: 가중치를 부여했다면, 어떤 변수를 사용하여 어떤 방식(예: 레이킹)으로 가중치를 산출했는지, 그리고 적용된 가중치의 범위(최솟값, 최댓값)는 어떠한지를 공개한다.

5. 조사 기간 및 방법: 실제 조사가 언제, 어떤 방법(예: 모바일 웹조사)으로 이루어졌는지 밝힌다.

6. 조사의 잠재적 한계: 이 조사가 비확률 표집에 기반하고 있으므로, 선택 편향과 같은 오류의 가능성이 존재하며, 결과를 해석할 때 주의가 필요함을 명시적으로 언급한다.

목적에 부합하는가?: 새로운 품질 기준을 향하여

결론적으로, 비확률 표본의 품질을 '좋다' 또는 '나쁘다'라는 이분법적인 잣대로 평가하는 것은 더 이상 유용하지 않다. 대신, 우리는 "이 조사가 그 연구의 '목적'에 얼마나 부합하는가(Fit for Purpose)?"라는 더 유연하고 실용적인 기준으로 나아가야 한다.

예를 들어, 두 가지 광고 시안 A와 B 중에서 어떤 것이 더 소비자들의 시선을 끄는지를 빠르게 테스트하는 것이 목적이라면, 정교하게 설계된 온라인 할당 표집은 충분히 그 목적에 부합하는 유용한 도구가 될 수 있다. 하지만 국가의 실업률을 소수점 첫째 자리까지 정확하게 측정하거나, 특정 후보자의 지지율을 1%p 차이로 정밀하게 추정하는 것이 목적이라면, 동일한 온라인 할당 표집은 그 목적에 전혀 부합하지 않는 부적절한 도구가 된다.

이처럼 조사의 품질은 진공 상태에서 평가되는 것이 아니라 연구 질문의 성격, 요구되는 정확성의 수준, 그리고 결과의 활용 방식이라는 맥락 속에서 평가되어야 한다. 연구자는 자신의 연구 목적에 맞는 적절한 수준의 엄격함을 갖춘 도구를 선택하고, 그 도구의 한계를 명확하게 인지하며, 최종적으로 그 결과를 해석하는 모든 이들에게 충분한 정보를 제공해야 할 책임을 진다. 이것이 비확률 표집 시대의 연구자에게 요구되는 새로운 전문가 정신이다.

참고문헌

American Association for Public Opinion Research(AAPOR). (2016). Standards for minimal disclosure.

Groves, R. M., & Lyberg, L.(2010). Total survey error: Past, present, and future. Public opinion quarterly, 74(5), 849~879.

Pew Research Center.(2016). Evaluating online nonprobability surveys.

10

비확률 표집의 미래

표본 설계의 세계는 지금 또 다른 혁명의 문턱에 서 있다. 설문지를 통해 데이터를 '수집' 하던 시대를 지나, 세상에 흩어진 거대한 디지털 데이터를 '결합' 하고 인공지능으로 '보정' 하는 시대가 열리고 있다. 이 새로운 기술의 물결은 비확률 표집의 한계를 극복할 놀라운 가능성을 제시하는 동시에, 우리가 한 번도 경험하지 못했던 새로운 편향의 문제와 깊은 윤리적 질문을 던진다. 이 장은 비확률 표집의 미래를 조망하며, 기술의 진보 속에서 우리가 붙잡아야 할 원칙이 무엇인지 성찰한다.

설문조사의 대안인가, 보완재인가?: 빅데이터의 등장

미래의 표본 설계는 더 이상 전통적인 설문조사의 틀 안에만 머무르지 않는다. 그 경계를 넘어, 사람들에게 직접 묻지 않고도 여론과 행동을 파악할 수 있는 새로운 데이터의 원천, 즉 빅데이터(Big Data)와의 융합을 모색하고 있다. 소셜 미디어의 게시글, 포털의 검색 기록, 스마트폰의 위치 정보, 신용카드의 거래 내역 등 우리가 디지털 세상에 남기는 수많은 흔적들은 그 자체로 거대한 여론의 데이터베이스가 된다.

빅데이터가 가진 매력은 명확하다. 첫째, 압도적인 규모와 실시간성이다. 수천 명을 대상으로 하는 설문조사와 달리 빅데이터는 수백, 수천만 명의 행동을 거의 실시간으로 분석할 수 있다. 둘째, '가공되지 않은' 생생함이다. 설문조사의 정제된 질문을 거치지 않은, 사람들의 자연스러운 생각과 행동이 담겨 있다고 여겨진다.

하지만 빅데이터는 여론을 파악하는 만병통치약이 아니다. 오히려 그 본질을 들여다보면, 비확률 표집이 가진 편향의 문제를 훨씬 더 극단적인 형태로 내포하고 있다. 첫째, 심각한 자기 선택 편향과 포함 오류다. 트위터 사용자가 대한민국 국민 전체를 대표하지 않으며, 특정 포털의 검색어는 해당 포털 이용자의 관심사만을 반영할 뿐이다. 디지털 기기 사용에 익숙하지 않은 고령층이나 특정 온라인 서비스를 이용하지 않는 사람들은 빅데이터의 세계에서 원천적으로 배제된다. 빅데이터는 그 자체로 거대하지만 심하게 편향된, 일종의 '초대형 편의 표본'에 가깝다. 둘째, 맥락의 부재다. 우리는 사람들이 무엇을 검색하고 어떤 글을 남기는지는 알 수 있지만, 그들이 누구인지(정확한 인구통계), 그리고 왜 그런 행동을 하는지(동기나 태도)는 알 수 없다.

따라서 빅데이터는 설문조사를 대체하는 것이 아니라, 설문조사의 한계를 보완하는 '보완재'로서의 역할을 할 때 가장 큰 가치를 가진다. 예를 들어, 설문조사를 통해 파악한 특정 제품에 대한 '인식'을, 실제 온라인 검색량이나 신용카드 거래 내역이라는 '행동' 데이터와 결합함으로써, 우리는 인간의 태도와 행동 사이의 관계를 훨씬 더 깊이 있게 이해할 수 있다.

인공지능과 표본 추출: 새로운 패러다임의 가능성

인공지능(AI)과 머신러닝 기술의 발전은 비확률 표집의 편향을 줄이는 새로운 무기를 제공하고 있다. 과거에는 불가능했던 정교한 통계적 모델링을 통해 선택 편향의 문제를 이전보다 훨씬 더 효과적으로 다루려는 시도가 이루어지고 있다.

AI 기반의 표본 매칭과 할당

8장에서 소개한 표본 매칭 기법은 인공지능을 통해 한 단계 더 발전하고 있다. 과거에는 성별, 연령, 지역 등 몇 가지 변수만을 기준으로 표본을 매칭했다면, 이제는 수백, 수천 개의 변수(온라인 활동 기록, 과거 설문 응답 패턴 등)를 사용하여 확률 표본의 특성과 거의 동일한 '디지털 트윈'을 비확률 패널에서 찾아내는 것이 가능해졌다. 이는 할당의 차원을 극도로 높여, 관찰 가능한 변수 측면에서는 확률 표본과 거의 구별이 불가능한 표본을 만들어 낼 잠재력을 가진다.

머신러닝을 이용한 편향 보정

성향 점수 조정(PSA)과 같은 전통적인 보정 기법 역시 머신러닝을 통해 고도화되고 있다. 로지스틱 회귀 분석과 같은 전통적인 모델 대신, 랜덤 포레스트나 부스팅과 같은 더 유연하고 예측력이 뛰어난 머신러닝 알고리즘을 사용하여 특정 응답자가 비확률 표본에 속할 성향 점수를 훨씬 더 정확하게 예측할 수 있다. 이는 더 정교한 가중치를 산출하여, 최종 분석 결과의 편향을 줄이는 데 기여한다.

궁극적으로, 인공지능은 여러 출처에서 수집된 다양한 비확률 데이터(온라인 패널, 행정 자료, 빅데이터 등)를 모두 융합하여 모집단 전체에 대한 '가상 모델(Synthetic Population)'을 구축하고, 이 가상 모집단으로부터 표본을 추출하는 새로운 패러다임을 열 수도 있다. 이는 전통적인 표집틀의 개념 자체를 뛰어넘는 혁신적인 시도다.

기술의 진보와 윤리적 과제:
프라이버시와 알고리즘 편향

그러나 이러한 기술적 진보는 우리에게 그만큼 무거운 윤리적 책임을 요구한다. 첫째, 프라이버시 문제다. 개인의 설문 응답을 그의 온라인 검색 기록이나 위치 정보와 결합하는 것은 개인의 삶을 속속들이 들여다볼 수 있는 강력한 힘을 연구자에게 부여한다. 이러한 데이터 융합 과정에서 어떻게 투명한 사전 동의를 얻을 것인지, 그리고 개인을 식별할 수 없도록 데이터를 어떻게 철저히 익명화할 것인지에 대한 새로운 사회적, 기술적 규범이 절실히 필요하다. 둘째, 알고리즘 편향(Algorithmic Bias)의 문제다. 표본 추출이나 가중치 부여에 사용되는 인공지능 모델은 결코 가치중립적이지 않다. 만약 AI가 편향된 데이터를 학습한다면, 그 편향을 그대로 재현하거나 심지어 증폭시킬 수 있다. 예를 들어, AI 모델이 과거 데이터를 통해 '조사에 잘 참여하는 사람들은 이러이러한 특성을 가졌다'고 학습한 뒤, 앞으로 그러한 특성을 가진 사람들만 표본으로 계속 추천한다면, 표본의 편향은 시간이 갈수록 고착화되는 자기 강화의 덫에 빠질 수 있다. 우리는 알고리즘이라는 '블랙박스'가 내리는 결정 과정을 투명하게 공개하고, 그 공정성을 지속적으로 감시하고 통제해야 할 새로운 과제에 직면했다.

끝나지 않는 논쟁: 확률 표집은 대체될 것인가?

그렇다면 빅데이터와 인공지능으로 무장한 비확률 표집은 언젠가 확률 표집을 완전히 대체할 수 있을까? 이 질문에 대한 대답은 아마도 '아니오'일 것이다. 모든 기술적 진보에도 불구하고, 두 방법론 사이에는 넘을 수 없는 철학적, 통계적 간극이 존재하기 때문이다.

확률 표집의 핵심 가치는 '무작위화'라는 투명하고 검증된 절차를 통해, 알려진 확률에 근거하여 모집단을 통계적으로 '추론(inference)'할 수 있다는 데 있다. 그 결과의 불확실성을 '오차 범위'라는 형태로 정량화할 수 있다. 반면,

아무리 정교한 비확률 표집이라 할지라도 그 본질은 데이터 속의 패턴을 학습하여 결과를 '예측(prediction)'하고 '모델링(modeling)'하는 것이다. 이는 통계적 추론이 아니라, 수많은 가정에 기반한 모델의 결과물이다.

따라서 미래는 어느 한쪽이 다른 쪽을 대체하는 것이 아니라, 두 방법론이 각자의 목적에 맞게 공존하고 상호 보완하는 '하이브리드'의 시대가 될 것이다. 국가의 공식 통계나 장기적인 사회 변화를 추적하는 학술 연구처럼, 엄격한 통계적 추론이 필수적인 영역에서는 확률 표집이 여전히 대체 불가능한 황금률로 남을 것이다. 반면, 빠른 의사 결정이 중요하고 예측의 정확성이 추론의 엄밀함보다 더 중요한 상업적 시장 조사나 정치 컨설팅 영역에서는 정교한 비확률 표집이 대세가 될 것이다.

결국 이 책의 모든 논의는 다시 한번 연구자의 책임이라는 마지막 질문으로 돌아온다. 기술은 놀라운 속도로 발전하고 있지만, 어떤 도구를 선택하고, 그 도구의 한계를 어떻게 이해하며, 그 결과를 세상에 어떻게 정직하게 전달할 것인지를 결정하는 것은 결국 인간의 몫이다. 기술의 유혹에 빠져 지적 정직성을 잃지 않는 것, 이것이 비확률 표집의 미래를 마주하는 우리에게 주어진 가장 중요한 과제다.

참고문헌

Salganik, M. J.(2019). Bit by bit: Social research in the digital age. Princeton university press.

Couper, M. P.(2013). Is the sky falling? The future of household surveys. Survey Research Methods, 7(3), 145~156.

Schober, M. F. et al.(2016). Social media analyses for social measurement. Public Opinion Quarterly, 80(1), 180~211.

오승호

20여 년간 조사 회사에서 '서베이 컨설턴트'로 일하고 있다. 한국외국어대학교 러시아어과에서 학사학위를, 서강대학교 정치외교학과에서 석사학위를 받았다. 대학 2학년 시절 정치학방법론 강의에서 설문지 작성에 대한 강의에 큰 흥미를 느꼈고, 이후 관련 일을 소위 업으로 삼고자 사회 조사분석사 2급(2002.11.11)을 취득했다. 연구 논문으로는 "웹기반 선거 여론 조사의 쟁점과 신뢰성 제고 방안 연구"(조성겸·오승호. 2021), "Web Survey Sampling Methods that Minimize Political Bias: PPS with Benchmarking Weight as a Size Variable"(Park Seunghwan·Oh Seungho, 2024 WAPOR CONFERENCE) 등이 있다. 서베이 방법론에 전반적으로 관심이 많으며, 특히 웹서베이에 대한 열정은 '덕후' 수준이라는 주위의 평가를 듣곤 한다. 서베이 방법론과 관련해 개인 블로그(https://method-survey.blogspot.com/)도 운영하고 있다.